AUTORE

Gabriele Malavoglia è nato a Milano nel 1989. Compiuti gli studi liceali, si trasferisce in Spagna per seguire il suo percorso universitario, rimanendo in terra iberica dopo il conseguimento della laurea. Appassionato sin da ragazzo di Storia Militare italiana e spagnola, è uno studioso autodidatta e sta muovendo i primi passi nel campo dell'editorialistica. Vive a Saragozza e lavora come consulente logistico per alcune aziende locali.

PUBLISHING'S NOTES

None of unpublished images or text of our book may be reproduced in any format without the expressed written permission of Luca Cristini Editore (already Soldiershop.com) when not indicate as marked with license creative commons 3.0 or 4.0. Luca Cristini Editore has made every reasonable effort to locate, contact and acknowledge rights holders and to correctly apply terms and conditions to Content.
Every effort has been made to trace the copyright of all the photographs. If there are unintentional omissions, please contact the publisher in writing at: info@soldiershop.com, who will correct all subsequent editions.
Our trademark: Luca Cristini Editore©, and the names of our series & brand: Soldiershop, Witness to war, Museum book, Bookmoon, Soldiers&Weapons, Battlefield, War in colour, Historical Biographies, Darwin's view, Fabula, Altrastoria, Italia Storica Ebook, Witness To History, Soldiers, Weapons & Uniforms, Storia etc. are herein © by Luca Cristini Editore.

LICENSES COMMONS

This book may utilize part of material marked with license creative commons 3.0 or 4.0 (CC BY 4.0), (CC BY-ND 4.0), (CC BY-SA 4.0) or (CC0 1.0). We give appropriate attribution credit and indicate if change were made in the acknowledgments field. Our WTW books series utilize only fonts licensed under the SIL Open Font License or other free use license.

For a complete list of Soldiershop titles please contact Luca Cristini Editore on our website: www.soldiershop.com or www.cristinieditore.com. E-mail: info@soldiershop.com

Titolo: **SLOVENSKO DOMOBRANTSVO** - LA GUARDIA TERRITORIALE SLOVENA 1943 – 1945
Code.: **WTW-044 IT** Di Gabriele Malavoglia
ISBN code: 9788893279758 prima edizione Maggio 2023
Lingua: Italiano. Dimensione: 177,8x254mm Cover & Art Design: Luca S. Cristini

WITNESS TO WAR (SOLDIERSHOP) is a trademark of Luca Cristini Editore, via Orio, 35/4 - 24050 Zanica (BG) ITALY.

WITNESS TO WAR

SLOVENSKO DOMOBRANTSVO
LA GUARDIA TERRITORIALE SLOVENA 1943 – 1945

PHOTOS & IMAGES FROM WORLD WARTIME ARCHIVES

GABRIELE MALAVOGLIA

BOOKS TO COLLECT

INDICE

La Slovenia nell'orbita del Reich..3

La Guardia Territoriale Slovena (*Slovensko Domobrantsvo*)...17

    Organizzazione..18

    Armamento pesante..24

    Propaganda e giuramento...24

Il Corpo Nazionale di Difesa Sloveno (*Slovensko Narodno Varnostni Zbor*)............................41

La Guardia Territoriale della Carniola Superiore (*Gorenjsko Domobrantsvo*).........................55

La fine della guerra in Slovenia..67

Uniformi...79

Bibliografia..97

▲ Militari sloveni durante un corso di addestramento tenuto da istruttori tedeschi (*Slovensko Domobrantsvo*).

LA SLOVENIA NELL'ORBITA DEL REICH

Il Regno di Jugoslavia era l'erede nei Balcani dell'Impero Austro-ungarico, disgregatosi alla fine della Grande guerra, ma era in realtà composto da una congerie di etnie diverse e antagoniste tra di loro. Questa situazione potenzialmente pericolosa fu acuita, nel corso degli anni, dal fatto che il governo jugoslavo, costituito da un forte centralismo serbo, non prese mai in considerazione l'idea di coinvolgere in maniera incisiva le diverse minoranze etniche del Paese, provocando uno stato di continua e latente insoddisfazione. Solo nell'agosto del 1939 fu concesso ai Croati uno stretto margine di indipendenza, insufficiente però per sanare la frattura tra Serbi e Croati e lasciando ulteriormente a bocca asciutta le altre etnie.

Al termine della Campagna di Jugoslavia nella primavera del 1941, le zone del Regno di Jugoslavia abitate da popolazione slovena furono spartite tra il Regno d'Italia, il Reich tedesco (che aveva comunque intenzione di integrare l'intero territorio jugoslavo) ed il Regno d'Ungheria (rispettivamente la parte meridionale, la zona settentrionale e quella orientale), mentre la Croazia si era dichiarata indipendente il 10 aprile e truppe bulgare occuparono la Macedonia orientale. L'Italia incorporò le regioni della Carniola interna, della Bassa Carniola e della Carniola Bianca, un'area di circa 4.500 km². Il 3 maggio la zona d'influenza italiana, nella quale di fatto non risiedevano abitanti di etnia italiana, fu costituita in *Provincia di Lubiana*, provincia con un ordinamento particolare, retta da "*un Alto Commissario nominato con decreto Reale su proposta del Duce del Fascismo, Capo del Governo, Ministro dell'Interno*", assistito "*da una Consulta composta di 14 rappresentanti scelti fra le categorie produttrici della popolazione slovena*". Nelle settimane successive alla spartizione della Slovenia, circa 17.000 sloveni fuggirono dalla parte annessa al Reich, rifugiandosi nella Provincia di Lubiana, poiché temevano ritorsioni da parte delle forze d'occupazione germaniche. Questo stato "confusionale" portò ad una ripresa degli spiriti nazionalisti tra le popolazioni della Jugoslavia, che si trovarono così divise, senza ideali ed obiettivi comuni, senza un potere centrale, in un contesto che le lasciava di fatto alla mercè degli occupanti.

Con l'Armistizio il problema diventò ancora più drammatico, complicandosi ulteriormente. Alla data dell'8 settembre 1943, le truppe italiane nella Provincia di Lubiana assommavano a circa 50.000 soldati, a cui si affiancavano poco più di 6.000 uomini della M.V.A.C., e tra i 300 ed i 400 Cetnici sloveni. Circa la metà di questi ultimi, confidando in uno sbarco alleato nel litorale sloveno, si spostò verso sud, sperando di incontrare possibili rinforzi provenienti dalla regione della Lika del vicino Stato indipendente di Croazia, ma, attaccati da unità partigiane titine, furono spinti a sud-ovest fino al villaggio di Grčarice. Contemporaneamente le unità della M.V.A.C., ribattezzate "*Esercito Nazionale Sloveno*", riuscirono a concentrare circa 1.600 uomini presso il castello di Turjak, a 20 chilometri da Lubiana, con una grande quantità di armi e munizioni (italiane) e ingenti scorte di cibo. I nazionalisti sloveni, infatti, già a luglio avevano programmato di riunire le forze della M.V.A.C. operanti sotto il controllo italiano in una unità formata da 19 Battaglioni, per formare un Esercito Nazionale Sloveno (*Slovenska Narodina Vojska*), rimanendo in attesa di uno sbarco anglo-americano sulla costa dell'Adriatico, che avrebbe permesso di cacciare i tedeschi e di tenere lontane le forze armate di Tito, poiché per i nazionalisti era impensabile che i Balcani potessero essere lasciati in mano dei comunisti. Per questo motivo i partigiani sloveni reagirono prontamente all'annuncio dell'Armistizio: la 1ª Brigata *Triglav* e la 2ª Brigata *Krim* sorpresero gli uomini della M.V.A.C. a Turjak, proprio per evitare che, approfittando dello sbando delle forze armate italiane, potessero dare vita a questo vagheggiato Esercito Nazionale Sloveno. Tralasciando il dettaglio delle vicende che interessarono queste due guarnigioni, che esulano dall'argomento principale di questo volume, ricordiamo solamente che tra il 9 ed il 10 settembre una Brigata partigiana, con il supporto di fuoco di due obici italiani catturati, costrinse alla resa i Cetnici di Grčarice e, quattro giorni dopo, i partigiani assediarono il castello di Turjak per cinque lunghi giorni, usando ancora armi pesanti catturate, fino alla resa. Non è chiara la sorte delle truppe collaborazioniste catturate a Grčarice e Turjak e le fonti sono tra loro molto discordanti sulle perdite. Un bilancio abbastanza realistico sostiene che, dei circa 6.500 uomini della M.V.A.C. e Cetnici, presenti nella provincia al momento della resa italiana, circa 500 furono uccise in combattimento, circa 3.000 furono fatti prigionieri e circa 1.000 accettarono di unirsi ai partigiani. I circa 2.000 sopravvissuti (quasi tutti ritiratisi verso Lubiana) furono in breve disarmati dai tedeschi, che nel frattempo avevano occupato la zona.

Dopo l'Armistizio, nell'ambito dell'operazione "*Achse*", il piano per disarmare gli italiani nel caso avessero firmato un armistizio con gli Alleati, la Provincia fu occupata dalle forze armate tedesche. Alla fine di agosto i tedeschi avevano trasferito a Lubiana un Reggimento della 71ª Divisione di fanteria, per controllare la città e sorvegliare l'importante linea ferroviaria Lubiana – Postumia, che teneva aperti i collegamenti verso Trieste e la costa adriatica. Nei giorni successivi all'Armistizio giunsero in zona numerosi altri reparti germanici, tra cui unità delle SS, della Polizei e della Gendarmeria. Il territorio assunse il nome di *Provinz Laibach*, formalmente parte della Repubblica Sociale Italiana; la regione però era militarmente inserita nell'O.Z.A.K., Zona Operativa del Litorale Adriatico, e quindi di fatto era controllata dal Governatore della Carinzia, Friedrich Rainer, che era stato nominato Alto Commissario del Reich per la zona, e dall'*Hoeheren SS und Polizeifuehrer Adritisches Kustenland*, nella persona del generale Odilo Globocnik.

Rainer concesse una certa autonomia culturale e sociale agli sloveni, affidando il 20 settembre tutti i poteri civili a Leon Rupnik[1], che era sostenuto dall'arcivescovo di Lubiana Gregorij Rožman.

▲ Primo piano di Leon Rupnik (conosciuto anche come Lav Rupnik o Lev Rupnik (nato a Loqua il 10 agosto 1880 e morto a Lubiana il 4 settembre 1946) sulla copertina del numero 6 della rivista "Slovensko Domobrantsvo", con l'uniforme da alto ufficiale dello stesso reparto. Fu Capo dell'Amministrazione della provincia di Lubiana sotto l'occupazione tedesca, ideatore della milizia Slovensko Domobrantsvo e Ispettore Capo della stessa. Al termine della Seconda guerra mondiale, fu condannato a morte dalle autorità Jugoslave per alto tradimento il 30 agosto 1946 e fu fucilato cinque giorni dopo al cimitero Žale di Lubiana, dove venne anche sepolto in una tomba anonima (*Slovensko Domobrantsvo*).

---

1 Rupnik era un ex generale del disciolto Esercito Jugoslavo, di accese tendenze antisemite, anticomuniste e filotedesche e per questo ben visto dalle autorità germaniche. Era anche stato sindaco di Lubiana durante l'occupazione italiana. In ambito culturale, mentre era a capo della *Provinz Laibach*, si adoperò a cancellare ogni traccia di italianità nella regione. Fu scelto non solo per la sua esperienza militare, dimostrata collaborando con gli italiani, ma anche perché "raccomandato" proprio da Gregorij Rožman, vescovo cattolico di Lubiana.

▲ La prima pagina del giornale nazionalista "Slovenec" del 24 settembre 1943, dove viene annunciata la nascita della Slonvesko Domobrantsvo.

▲ Un miliziano della Guardia Nazionale Slovena, ritratto probabilmente dopo poche settimane dalla costituzione del reparto: indossa infatti ancora capi d'abbigliamento del disciolto esercito jugoslavo e, sul berretto, porta il semplice fregio adottato inizialmente dai Domobranci, costituito da un ovale metallico con i colori della bandiera nazionale.

▲ Caserma dei Domobranci nella città di Lubiana (*Slovensko Domobrantsvo*).

▲ ► Immagini, purtroppo di cattiva qualità, di un'imponente parata di Domobranci nel centro della capitale Lubiana il 12 dicembre 1943.

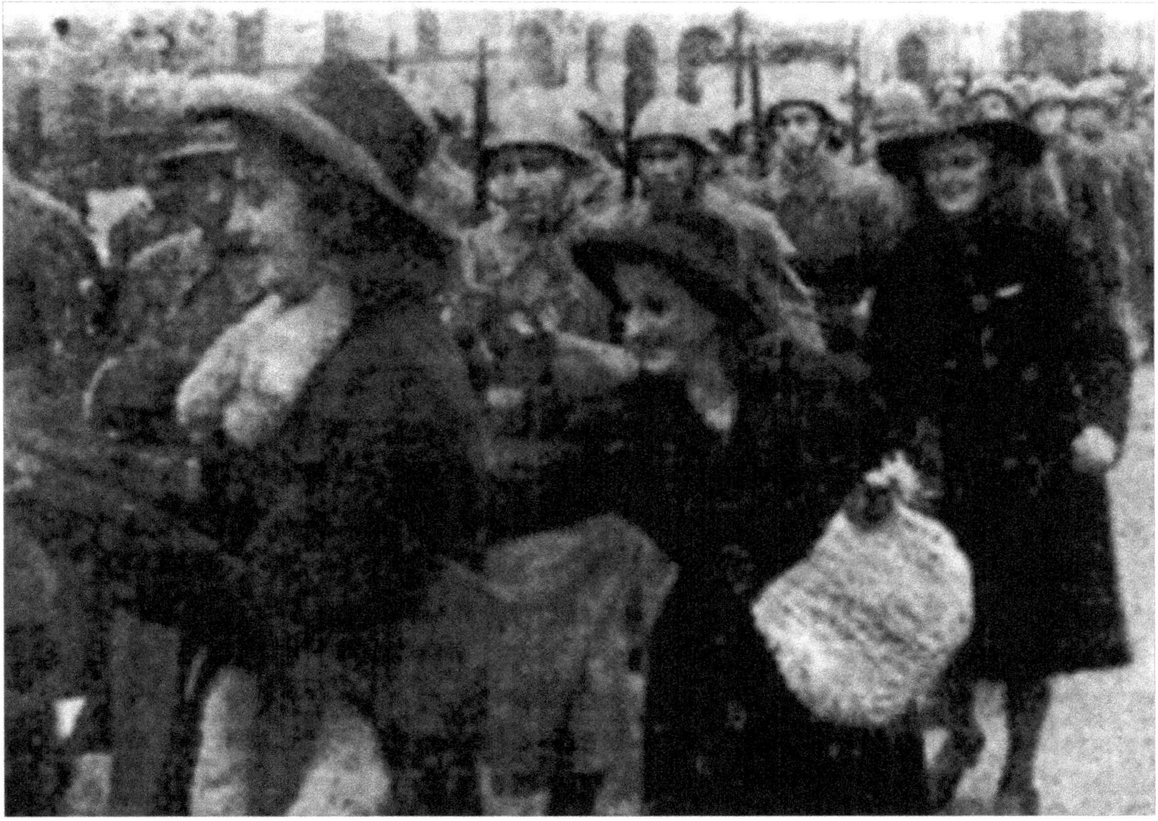

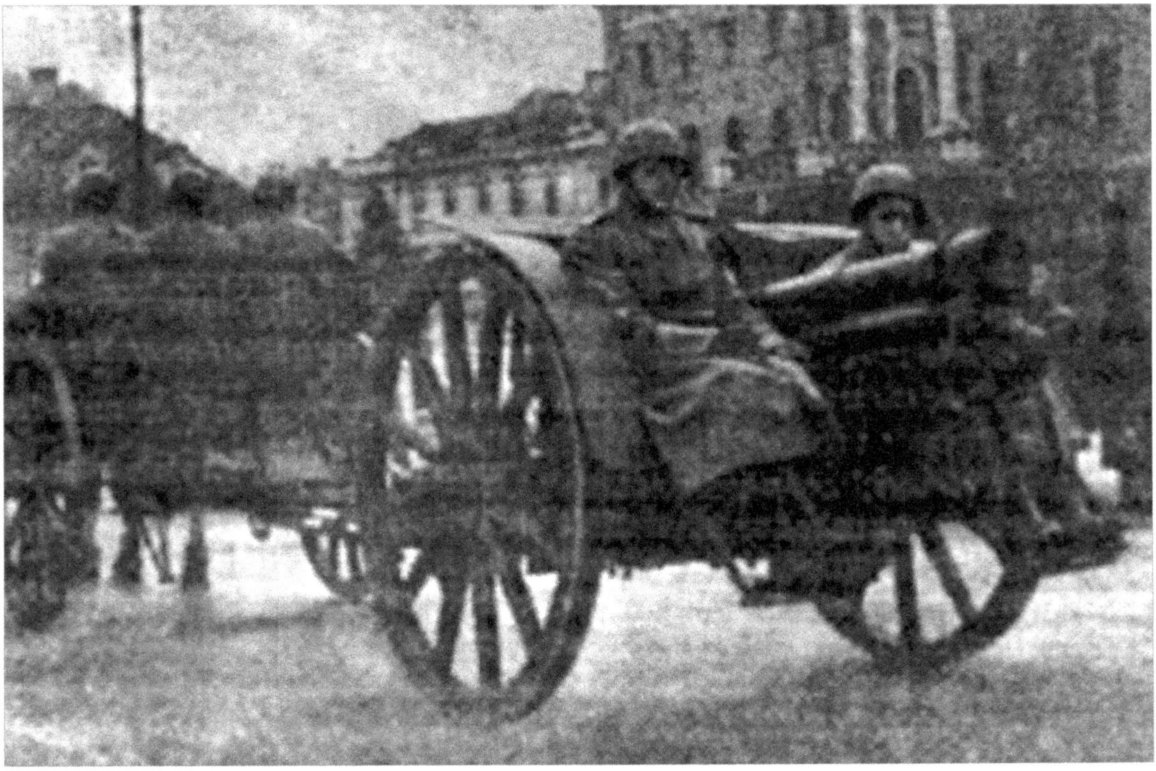

▲ Il tenente colonnello (poi promosso colonnello) Franc Krener, comandante dello Stato Maggiore della Slovensko Domobrantsvo a partire dal 12 ottobre 1943 (*Slovensko Domobrantsvo*).

▼ Autocarro leggero SPA CL39 dei Domobranci, fotografato a Lubiana; il veicolo, con la colorazione grigioverde originaria, è targato "SD 26".

▲ Gruppo di fuoco armato con fucile mitragliatore Breda; gli elmetti, anch'essi italiani, presentano un'interessante colorazione mimetica e recano, sul lato sinistro, i colori della bandiera slovena (*Slovensko Domobrantsvo*).

▲ Sottufficiale dei Domobranci armato con MAB 38 nel corso di un'operazione di rastrellamento; indossa una casacca mimetica realizzata con tessuto italiano M1929.

▲ Fotografia chiaramente posata che ritrae i serventi di un mortaio (*Slovensko Domobrantsvo*).

▼ Soldati sloveni vengono addestrati all'uso di bocche da fuoco tedesche (*Slovensko Domobrantsvo*).

▲ Artigliere dei Domobranci; indossa una bustina germanica con lo stemma metallico dell'unità (*Slovensko Domobrantsvo*).

LA GUARDIA TERRITORIALE SLOVENA (SLOVENSKO DOMOBRANTSVO)

Lo stesso Rupnik, insieme a Anton Kokalj, Ernest Peterlin[2] and Janko Kregar, costituì il 24 settembre la *Slovenska Domobranska Legija* (Legione Slovena delle Guardie), sostenuta dai rappresentanti dei partiti politici esistenti prima della guerra nella regione di Lubiana ed organizzata su 3 Battaglioni[3]. Bisogna però sottolineare che, mentre Rupnik era propenso a collaborare con i tedeschi ed era convinto della vittoria del Terzo Reich, Peterlin desiderava formare un'unità pesantemente armata, con mitragliatrici pesanti, mortai e cannoni di vario calibro (con l'obiettivo segreto di avere una forza armata pronta per compiere una rivolta nazionalista ed indipendentista), ma i tedeschi non approvarono mai un tale progetto. Per richiamare i giovani all'arruolamento, lo stesso giorno fu pubblicato un vibrante appello, firmato dallo stesso Rupnik, sul principale quotidiano cattolico sloveno, "*Slovenec*", che descriveva in questi termini gli obiettivi della costituenda Guardia Territoriale Slovena:

> "*La nostra amata patria slovena doveva essere consegnata al bolscevismo con l'aiuto della plutocrazia anglo-americana... una tragedia che ha fatto precipitare il nostro popolo buono, laborioso e pio nella sofferenza, nella violenza, nella carestia, nel servire senza cuore e aiutanti disonorevoli che lavorano a beneficio della tirannia mondiale ebraica. Per impedirlo, una grande forza bellica tedesca è venuta da noi al comando del Führer per proteggerci ... Sotto la guida della Germania, le giovani nazioni d'Europa sconfiggerà il bolscevismo e il capitalismo*".

Il 30 settembre, in seguito all'occupazione tedesca della provincia di Lubiana i tedeschi ribattezzarono la Legione in Guardia Territoriale Slovena (*Slovensko Domobranstvo* in tedesco *Slowenische Landwehr*), assumendone il controllo.

I primi uomini a rispondere all'appello di Rupnik furono i membri di tre reparti della disciolta M.V.A.C., circa 1.000 soldati. Inizialmente la Guardia fu organizzata su 3 Battaglioni, per un totale di 2.000 uomini, quasi tutti provenienti dai ranghi della Milizia Volontaria Anti Comunista[4], e dalle altre unità paramilitari che, durante l'occupazione italiana, avevano militato nei diversi reparti collaborazionisti[5]. Le funzioni di Quartier Generale venivano espletate dal cosiddetto Ispettorato della Guardia Nazionale Slovena (*Inspektorat Slovenskega domobranstva*).

Rupnik si autonominò comandante in capo, mantenendo il proprio grado di generale, ma il gover-

---

2 Peterlin divenne successivamente un ufficiale della Legione Slovena, ma, era a capo di un gruppo segreto di ufficiali Domobranci ed ex ufficiali dell'esercito reale, che avevano posizioni nettamente filo-occidentali e che vivevano la cooperazione con le autorità di occupazione tedesche esclusivamente come un male necessario nella lotta contro il comunismo, in vista di una svolta indipendentista, sostenuta dagli Anglo-americani. Il gruppo di Peterlin mantenne i contatti con gli Alleati, organizzò il salvataggio dei piloti alleati abbattuti sul territorio sloveno e preparò i piani per il passaggio al sostegno agli Alleati, in vista di un loro previsto sbarco nell'Adriatico settentrionale. Nell'autunno del 1944, la Gestapo scoprì il gruppo di Peterlin e tutti gli ufficiali ad esso associati furono internati nel campo di concentramento di Dachau. Al termine della guerra, dopo la liberazione del campo, furono tutti estradati in Jugoslavia nel giugno 1945, dove furono condannati a morte ed uccisi (Peterlin fu condannato a morte il 23 dicembre 1945 dal Tribunale Distrettuale di Lubiana per collaborazionismo e tradimento).
3 Dopo il naufragio del progetto di costituzione dell'Esercito Nazionale Sloveno e dello sperato sbarco anglo-americano, che avrebbe contribuito a liberare la Slovenia dal pericolo comunista, per i nazionalisti l'appoggio alla Germania fu una scelta obbligata, vissuta come l'unico mezzo per potere difendere il proprio Paese da Tito e sperare di potere costituire una Slovenia libera in futuro.
4 In realtà dietro alla nascita della *Slovensko Domobrastvo* vi era un ordine diretto e perentorio dell'SS-Obergruppenführer Erwin Rösener, che dipendeva direttamente dal Reichsführer-SS Heinrich Himmler.
5 Ricordiamo, ad esempio, la Legione Sokol (derivata dalle unità di studenti delle scuole superiori e delle università), la Legione Nazionale, i Cetnici della Guardia Blu, le Guardie di Villaggio della Guardia Bianca, la Legione delle Morte e dell'Esercito Jugoslavo in Patria, nonché da alcuni partigiani sloveni.

natore Rainer lo obbligò a dimettersi il 4 novembre ma, dietro le sue ripetute insistenze, lo reintegrò nei ranghi dei Domobranci e gli affidò il compito, solamente formale e privo di ogni effettiva competenza, di Ispettore della Guardia Territoriale Slovena all'inizio del 1944, nominando comandante effettivo il generale delle SS Erwin Rösener[6]. Rösener costituì un suo personale staff per il Quartier Generale, in modo da poter controllare la *Slovensko Domobratnsvo*, e la suddivise in dipartimenti organizzativi e di propaganda. Il comando dello Stato Maggiore, che constava solo di ufficiali sloveni, fu affidato il 12 ottobre al tenente colonnello (poi colonnello) Franc Krener[7]; fu creato anche un organismo di collegamento con gli alti comandi germanici della regione, con compiti di coordinamento delle attività militari. Formalmente, la Guardia Nazionale slovena fu fondata il 6 dicembre 1943 per ordine dell'Alto Commissario della zona operativa tedesca della costa adriatica, Friedrich Rainer.

A regime, la Guardia Territoriale Slovena fu organizzata, sostanzialmente, su unità locali, simili a Corpi di Guardia Civica, raggruppati in un'unica struttura che giunse a contare fino a 15.000 militi nell'estate del 1944, con ufficiali nazionali[8]; la lingua di comando fu quella slovena. Strettamente legati alla destra politica del Paese, i Domobranci, di stretta etnia slovena, costituirono un'unità collaborazionista con compiti di lotta del fenomeno partigiano e di repressione degli oppositori filo-comunisti. In un primo tempo i Domobranci si configurarono come una forza di polizia ausiliaria, con limitata autonomia e dipendenti quasi completamente dalle autorità germaniche; con il passare dei mesi, però, acquisito rispetto da parte dei tedeschi, a loro furono assegnate tutte le operazioni antipartigiane in Slovenia con autonomia operativa, anche se il controllo da parte di ufficiali tedeschi non venne mai meno.

Organizzazione

Inizialmente la Guardia era composta da 3 Battaglioni, composti soprattutto da ex volontari della M.V.A.C., con una forza di circa 2.000 uomini, organizzati in 63 Compagnie di Fanteria, di cui 43 composte da piccole guarnigioni locali, dislocate specialmente in località di campagna, mentre le altre 20 erano raggruppate nei Battaglioni.

Il 12 ottobre il Quartier Generale dei Domobranci, che si trovava presso il Castello di Lubiana, assunse il nome di Dipartimento Organizzativo della Guardia Nazionale Slovena (*Organizacijski stab Slovenskega domobranstva*), posto alle dipendenze del XVIII Distretto Militare delle SS di Salisburgo, comandato da Roesner. Nello stesso mese il numero di Battaglioni fu portato a 5, con il 4° Battaglione che fungeva da unità d'addestramento:

- 1° Battaglione d'Assalto: fu costituito nell'ottobre 1943 e ridenominato 1° Gruppo d'Assalto nel dicembre 1943. Il compito del reparto era principalmente il presidio dell'area occupata di Lubiana. Era formato da 9 Compagnie.

---

[6] Rösener controllava il Sicherheitsdienst (Servizio di Sicurezza) e il Sicherheitspolizei (Servizio di Sicurezza Polizia), che erano responsabili del lavoro politico e di sicurezza nella Provincia.

[7] Krenner nacque il 18 aprile 1898; come soldato dell'esercito austro-ungarico, partecipò alla Prima guerra mondiale, per poi entrare nell'esercito del Regno di Jugoslavia, dove raggiunse il grado di tenente colonnello di artiglieria. Dopo la capitolazione della Jugoslavia nell'aprile del 1941, tornò a Lubiana, ma fu internato in Italia. Dopo l'Armistizio ed il rientro in Slovenia, fu nominato dai tedeschi Comandante della Guardia Nazionale Slovena (i Domobranci). Nel maggio 1945, dopo le dimissioni del generale Ivan Prezlj-Andrej, fu promosso da Comitato Nazionale per la Slovenia generale di brigata e nominato comandante dell'intero Esercito Nazionale Sloveno, che comprendeva membri dei Domobranci, dei Cetnici sloveni e di altre formazioni anticomuniste. Dopo la sconfitta, guidò le sue unità in ritirata in Carinzia, dove prese parte ai negoziati per la resa con il Comando britannico. Dopo aver lasciato le sue unità nelle mani degli inglesi, che gli avevano assicurato che sarebbero stati portati in Italia per l'internamento, Krenner fuggì in Italia, dove visse in latitanza fino all'ottobre 1947, quando emigrò in Argentina. Lì trovò lavoro come portiere in un albergo di Buenos Aires, fino all'età del pensionamento. Morì ad Olivos, in Argentina, il 17 marzo 1973.

[8] Furono scelti principalmente ex ufficiali sloveni dell'Esercito Reale Jugoslavo, con precedenti esperienze nella M.V.A.C., posti sotto stretta supervisione tedesca; la preferenza andò a uomini che avevano stretti legami con il Partito Popolare Sloveno, con le Guardie di Villaggio e la Legione Slovena.

- 2° Battaglione d'Assalto: fu formato nell'ottobre 1943 e sciolto nel dicembre 1943. Era responsabile della messa in sicurezza della linea ferroviaria Vič-Verd. Comandante del reparto il capitano Franc Pavlovčič. Era di stanza a Vrhnika.
- 3° Battaglione d'Assalto: derivava dal cosiddetto "Gruppo Rupnik". Vuk Rupnik, figlio di Leon Rupnik, dopo l'Armistizio aveva riunito un certo numero di ex appartenenti alla M.V.A.C. nell'area di Novi Sad in questo Gruppo che aveva preso il suo nome, reparto che nel novembre 1943 divenne il 3° Battaglione della Slovensko Domobrantsvo, con compiti di presidio dell'area di Novo Mesto. Nelle settimane successive, sotto il suo comando, il Battaglione prese parte all'offensiva tedesca a Dolenjsko; il Battaglione mantenne una certa indipendenza nelle operazioni militari e fu l'unico reparto che fu interamente sloveno fino alla fine della guerra.
- 4° Battaglione d'Assalto: costituito nell'ottobre 1943, fu sciolto nel dicembre 1943. Inizialmente era di stanza a Logatec, poi a Vrhnika ed infine a Lubiana. Comandante il capitano Vincenc Fortuna. Era un battaglione destinato all'addestramento e, di norma, non partecipava ad operazioni di guerra.
- 5° Battaglione d'Assalto: di stanza dapprima a Borovnica e successivamente a Novo Mesto, fu formato nell'ottobre 1943 e sciolto a dicembre, era posto a sorveglianza della cosiddetta "Ferrovia Imperiale Meridionale". Comandante il capitano Ludvik Kolman.

A dicembre, con l'introduzione della coscrizione obbligatoria (la chiamata fu ordinata da Rainer il 3 del mese), i Battaglioni furono riorganizzati su 7 Gruppi di Combattimento (*Bojna Skupina*) e 2 Gruppi d'addestramento e la forza complessiva della Guardia si aggirava intorno alle 10.000 unità:

- 1° Gruppo di Combattimento: aveva sede a Lubiana. Primo comandante il capitano Rudolf Marn, poi il capitano Jožef Derganc e infine il capitano Emil Cof. Era organizzato su:
    - Comando
    - 11ª Compagnia
    - 12ª Compagnia
    - 13ª Compagnia
    - 14ª Compagnia
    - 15ª Compagnia
    - 16ª Compagnia
    - 17ª Compagnia
    - 18ª Compagnia
    - 19ª Compagnia
    - 20ª Compagnia
- 2° Gruppo di Combattimento: ebbe sede inizialmente a Vrhnika e successivamente a Velike Lašče.
- 3° Gruppo di Combattimento: aveva sede a Gorjanci, operando nella zona di Novo Mesto. Derivava dal Battaglione del capitano Vuk Rupnik, che lasciò il comando a dicembre al primo luogotenente Franc Zagoršek, a cui subentrò il tenente colonnello Jožef Dežman. Era organizzato su:
    - Comando
    - 7ª Compagnia
    - 8ª Compagnia
    - 10ª Compagnia
    - 31ª Compagnia
    - 32ª Compagnia

- 33ª Compagnia
- 34ª Compagnia
- 35ª Compagnia
- 36ª Compagnia
- 37ª Compagnia
- 38ª Compagnia
- 39ª Compagnia
- 40ª Compagnia
- 4° Gruppo di Combattimento: aveva sede a Logatec ed era incaricato di sorvegliare la linea ferroviaria Vrhnika-Rakek e gli insediamenti vicini. Comandante il capitano Vincenc Fortuna, poi il maggiore Frederick Lehman; era organizzato su:
  - Comando
  - 41ª Compagnia
  - 42ª Compagnia
  - 43ª Compagnia
  - 44ª Compagnia
  - 45ª Compagnia
- 5° Gruppo di Combattimento: aveva sede inizialmente a Lubiana e successivamente a Rakek, con il compito di sorvegliare la ferrovia. Primo comandante il capitano Miroljub Stamenkovic, a cui subentrò il capitano Ludvik Kolman; era organizzato su:
  - Comando
  - 1ª Compagnia
  - 2ª Compagnia
  - 3ª Compagnia
  - 4ª Compagnia
  - 5ª Compagnia
  - 6ª Compagnia
- 6° Gruppo di Combattimento: aveva sede a Kočevje ed aveva il compito di sorvegliare la ferrovia Lubiana-Kočevje. Primo comandante il capitano Janez Grandovec, poi il capitano Miloš Šabić. Era organizzato su:
  - Comando
  - 61ª Compagnia
  - 62ª Compagnia
  - 1ª Compagnia Genio
- 7° Gruppo di Combattimento: aveva sede a Grosuplje.
- 1° Gruppo d'addestramento: aveva sede a Lubiana, primo comandante il tenente Branko Jan, a cui subentrò il capitano Rudolf Marn ed infine il capitano Jožef Derganc; era organizzato su:
  - Comando
  - 1ª Compagnia d'addestramento
  - 2ª Compagnia d'addestramento
  - 3ª Compagnia d'addestramento
  - 4ª Compagnia d'addestramento
  - 5ª Compagnia d'addestramento
  - 6ª Compagnia d'addestramento
- 2° Gruppo d'addestramento: aveva sede a Lubiana, comandante il tenente colonnello Josip Dežman; era organizzato su:

- Comando
- 8ª Compagnia d'addestramento
- 9ª Compagnia d'addestramento
- 10ª Compagnia d'addestramento

A Lubiana si trovava anche la Scuola della Slovensko Domobrantsvo, organizzata su 2 Unità d'Istruzione alla fine del 1943: 1ª Unità d'Istruzione e 2ª Unità d'Istruzione, che sarà sciolta il 15 gennaio 1944. Alla fine del 1943 il capitano Vuk Rupnik lasciò il comando del 3° Gruppo di Combattimento e fu trasferito a Lubiana, dove svolse le funzioni di ufficiale di collegamento tra il Quartier Generale della Guardia Nazionale Slovena e l'Aufbaustab tedesco.

Secondo i progetti tedeschi, la Guardia Territoriale Slovena avrebbe dovuto ricoprire il ruolo di "polizia ausiliaria", destinata solo a combattere il fenomeno partigiano nel territorio sloveno, mentre agli occhi dei nazionalisti sloveni i Domobranci rappresentavano un Esercito nazionale destinato a difendere il Paese dalla bolscevizzazione. La Slovensko Domobrantsvo, quindi, si trovò nella scomoda posizione di doversi comportarsi lealmente nei confronti degli occupanti germanici e di dover collaborare con loro, ma d'altra parte agire clandestinamente contro gli stessi tedeschi, aspettando il momento opportuno per liberare la Slovenia dall'occupante e dai titini, con uno sperato aiuto da parte degli Alleati. Poiché i tedeschi erano piuttosto diffidenti nei confronti della Guardia Slovena, fu imposto, come vedremo, di prestare giuramento alla nazione slovena e nel testo pronunciato dai militari vi erano chiari e forti riferimenti alla Germania ed al Reich tedesco. La diffidenza tedesca si manifestò anche nel rifiuto di fornire armi alla Slovensko Domobrantsvo, se non ti origine italiana, e di non permettere la formazione di unità di artiglieria pesante. Questo atteggiamento ostile si concretizzò nei confronti di alcuni ufficiali della Guardia, sospettati di contrari al regime nazista e di essere in contatto con gli Alleati con lo scopo di preparare il terreno alla creazione di una Slovenia indipendente, che furono indagati dalla Gestapo, finendo prigionieri nel campo di concentramento di Dachau.

Il 25 febbraio del 1944 la Guardia fu nuovamente riorganizzata ed i Gruppi di Combattimento, denominati da quel momento *Skupine*, divennero 4, ciascuno di maggiore consistenza rispetto alla precedente organizzazione :

- 1° Gruppo d'Addestramento (ridenominato a maggio Battaglione "*Nord*"), formato dal 1° Gruppo di Combattimento, si trovava a Lubiana ed era comandato dal capitano Franc Pavlovčič. Era organizzato su:
  - Comando
  - 11ª Compagnia
  - 12ª Compagnia
  - 18ª Compagnia
  - 19ª Compagnia
  - 20ª Compagnia
  - 1ª Compagnia d'addestramento
  - 2ª Compagnia d'addestramento
  - 3ª Compagnia d'addestramento
  - 4ª Compagnia d'addestramento
  - 5ª Compagnia d'addestramento
  - 6ª Compagnia d'addestramento
  - 1ª Compagnia Genio
  - 1ª Batteria d'Artiglieria
  - 2ª Batteria d'Artiglieria

- 2° Gruppo di Sicurezza Ferroviaria (ridenominato a maggio Battaglione "*West*"), comprendente l'ex 4° e 5° Gruppo di Combattimento. Organizzato ufficialmente il 25 febbraio 1944, era incaricato di sorvegliare le linee ferroviarie Lubiana-Rakek e Grosuplje-Kočevje. Per espletare questi compiti ricevette dalle forze armate tedesche 5 treni armati ed il supporto di ufficiali di polizia ferroviaria germanici. Suo primo comandante fu il capitano Vincenc Fortuna, poi il capitano Stanislav Buda ed infine il maggiore. Era organizzato su:
    - Comando
    - 1ª Compagnia
    - 2ª Compagnia
    - 3ª Compagnia
    - 4ª Compagnia
    - 5ª Compagnia
    - 6ª Compagnia
    - 7ª Compagnia
    - 41ª Compagnia
    - 42ª Compagnia
    - 43ª Compagnia
    - 44ª Compagnia
    - 45ª Compagnia
    - 46ª Compagnia
    - 47ª Compagnia
    - 48ª Compagnia
    - Batteria ferroviaria
    - 5 treni blindati
- 3° Gruppo Operativo (ridenominato a maggio Battaglione "*Mitte*"), formato dal 2°, 6° e 7° Gruppo di Combattimento e dal Battaglione d'Assalto "*Kriz*". Disponeva di numerosi presidi sparsi nel territorio di competenza (Črna Vasi, Iga, Škofljica, Pijava Gorica, Grosuplje, Veliki Lašče, Ribnica, Zdenska Vasi, Kočevja, eccetera). Controllato direttamente dal Comando dei Domobanci, il Gruppo era comunque a disposizione delle Forze Armate tedesche per l'impiego tattico laddove servisse.
- 4° **Gruppo Operativo** (ridenominato a maggio Battaglione "*Ost*"), con sede a Novo Mesto; i suoi comandanti furono il capitano Ivan Resman, il maggiore Rudolf Ferenčak, il tenente colonnello Josip Dežman, il maggiore Ladislav Križ, il capitano Leopold Furlani ed infine il capitano Miroljub Stamenkovic. Era posto sotto il controllo del 1° Battaglione del 14° Reggimento SS Polizei, che operava nella Kraijna superiore, ed era organizzato su:
    - Comando
    - 31ª Compagnia
    - 32ª Compagnia
    - 33ª Compagnia
    - 34ª Compagnia
    - 35ª Compagnia
    - 36ª Compagnia
    - 37ª Compagnia
    - 38ª Compagnia
    - 39ª Compagnia
    - 40ª Compagnia
    - 51ª Compagnia

- 52ª Compagnia
- 53ª Compagnia
- 54ª Compagnia
- 55ª Compagnia
- 56ª Compagnia.

Dopo pochi mesi, il 16 maggio, i Domobranci, che erano cresciuti fino ad allineare 12.000 uomini, furono suddivisi in 4 Zone Operative, ciascuna identificata con uno dei quattro punti cardinali; ogni Zona era affidata ad un Battaglione Operativo (*Udarni Batalion*), i sopra citati Battaglioni "Nord", "West", "Mitte" ed "Ost".
In agosto fu formato un quinto Battaglione ed un sesto Battaglione nel marzo del 1945:
- 1° Battaglione d'Assalto "Nord", conosciuto anche come *Battailon "Köhl"* (a Sticna). Le 6 Compagnie d'Addestramento che lo formavano erano impiegate nel controllo della capitale Lubiana, mentre le 9 Compagnie Fucilieri presidiavano la valle del fiume Krka e la regione a nord della località di Moravce.
- 2° Battaglione d'Assalto "West" (a Rakek)
- 3° Battaglione d'Assalto "Mitte" (a Višnja Gora). Aveva il compito di presidiare la valle del fiume Ribnica, nella regione di Kocevska, e parte della zona della Carniola Secca.
- 4° Battaglione d'Assalto "Ost", conosciuto anche come *Battailon "Lindner"* (a Šentvid pri Stičnica)
- 5° Battaglione d'Assalto, conosciuto anche come *Battailon "Schmitz"* (a Veleke Lašče)
- 6° Battaglione d'Assalto, conosciuto anche come *Battailon "Kaspar"* (a Novo Mesto)

Questi Battaglioni erano organizzati ad immagine delle unità della SS Polizei tedesca. Dopo i fallimenti iniziali e le numerose sconfitte subite dai presidi locali, susseguitesi, a partire dalla costituzione dell'unità, per tutto il 1943 e per buona parte dell'anno successivo, per la Slovensko Domobrantsvo la situazione militare migliorò notevolmente nella seconda metà del 1944: a partire da questo periodo infatti, i Domobranci cambiarono approccio ed iniziarono ad adottare contro i titini le stesse tattiche di guerriglia impiegate dai partigiani, sia in chiave offensiva che difensiva, a partire dalla formazione appunto dei Battaglioni d'Assalto.
Tra di essi, il 2° Battaglione d'Assalto si rivelò il migliore ed il più temuto reparto della Slovensko Domobrantsvo, grazie all'opera instancabile del proprio comandante. Infatti, nel luglio del 1944 il 2° Battaglione fu impegnato in violenti scontri contro i partigiani nelle regioni della Notranjska e della Dolenjska; il 5 luglio era stato nominato comandante del reparto Vuk Rupnik e, grazie a lui, il reparto riuscì ad ottenere buoni risultati contro il nemico. Il capitano Vuk Rupnik dimostrò tutte le sue abilità militari di straordinario tattico e stratega, operando persino nella Primorska, la regione del Litorale. Grazie alla spinta impressa da Rupnik, il 2° Battaglione d'Assalto divenne una spina nel fianco delle unità partigiane, tanto che la sola consapevolezza dell'arrivo del Battaglione di Rupnik in una determinata zona suscitava paura nei partigiani. Vuk Rupnik si dimostrò essere uno dei più capaci ufficiali della Slovensko Domobrantsvo e l'ufficiale godeva della completa fiducia del Quartier Generale tedesco di Lubiana del comandante Rösener. Fu l'unico ufficiale della Guardia Nazionale slovena a cui erano subordinati anche un ufficiale tedesco e gli istruttori tedeschi del 2° Battaglione d'Assalto da lui comandato.
A partire da dicembre 1944, a causa dell'alto numero di diserzioni, a ciascun Battaglione, ad eccezione del 2°, fu aggregata una Compagnia della Polizei, provenienti dal 14° e dal 17° Reggimento di Polizia delle SS[9]. Questa operazione rispondeva al timore che nutrivano i tedeschi nei confronti del-

---
9 È in realtà probabile che si trattasse del 14° e del 25° Reggimento SS Polizei.

la Slovensko Domobrantsvo, cioè che segretamente l'unità potesse essere in contatto con gli Alleati, per orchestrare un rovesciamento di fronte, giocando sulle tendenze nazionalistiche degli sloveni.
L'ultima riorganizzazione avvenne il 28 marzo 1945, quando i Battaglioni furono rinumerati: il 1° Battaglione rimase invariato, il 2° Battaglione divenne il 5° Battaglione, il 4° Battaglione fu ribattezzato 2° Battaglione, il 5° Battaglione divenne il 6° e il 6° Battaglione fu ribattezzato 10° Battaglione. A tale data risultava presente anche un 12° Battaglione, costituito proprio nel mese di marzo.

Armamento pesante

La Guardia Slovena fu sostanzialmente una forza militare di fanteria, che poteva contare sul supporto di tre piccole batterie d'artiglieria, formate a gennaio del 1944, con una dotazione eterogenea, composta da bocche da fuoco di vario calibro italiane (in prevalenza) e tedesche:
- 1ª Batteria Domobranci (a Lubiana)
- 2ª Batteria Domobranci (a Lubiana)
- 3ª Batteria Domobranci (a Velike Lasce).

I Domobranci fornirono infine equipaggi per cinque treni armati operanti in Slovenia e, a metà del 1944, fu formata anche una Batteria Ferroviaria, che appoggiava questi convogli.
Inoltre, erano presenti in organico:
- Compagnia Genio (Compagnia A)
- Compagnia Trasmissioni (Compagnia B)
- Compagnia Sanità (Compagnia C)
- Compagnia Costruzioni (Compagnia D).

Molto ridotta fu la componente corazzata delle forze armate slovene. Alla fine dell'estate del 1944 i Domobranci ricevettero dai Tedeschi un numero non precisato di semoventi da L40 da 47/32, alcuni dei quali di produzione tarda, cioè con la casamatta modificata ed allargata, ed armati con una mitragliatrice Breda 38 con scudatura, posta su di un binario trasversale nella parte anteriore della casamatta stessa. Nonostante il semovente da 47/32 fosse ormai un mezzo obsoleto, la fornitura di questi corazzati fu, comunque, un'aggiunta gradita allo scarso arsenale di cui disponevano e, tutto sommato, di buona utilità nella lotta contro i partigiani. Il numero di semoventi forniti, di contro, fu troppo limitato e non permise di fare davvero la differenza nella controguerriglia. I corazzati furono impiegati da reparti stanziati nell'area di Lubiana e, secondo un documento partigiano alla fine del 1944, i Domobranci disponevano di 6 "carri armati", probabilmente tutti semoventi L40 ed erano alle dipendenze della Ordnungspolizei Polizei Pz.Kp.14. Questi semoventi erano dipinti in giallo sabbia con larghe macchie verdi e, probabilmente, marroni (una mimetica non standard italiana, dipinta con ogni probabilità sul giallo sabbia di fabbrica dai Tedeschi). Secondo un rapporto di origine britannica, un semovente L40 sloveno fu distrutto nel gennaio 1945 dai partigiani della Brigata "Tone Tomsic", utilizzando un fucile anticarro inglese Boys.
I reparti dei Domobranci utilizzarono anche alcuni autocarri con blindature artigianali di origine italiana. Anche le armi individuali e di squadra erano in prevalenza italiane e così pure gli automezzi, che mantennero la colorazione originaria italiana, ma con targa dei Domobranci.

Propaganda e giuramento

I Domobranci furono molto attivi anche nella propaganda, realizzando e distribuendo moltissimo materiale sotto forma di pamphlet e dando alle stampe il periodico "*Slovensko Domobrantsvo*", venduto non solo ai militari, ma anche ai civili.
Accanto ad immagini della vita operativa dei Domobranci, il periodico pubblicava scritti che ser-

vivano ad offrire definizioni programmatiche e ideologiche del corpo militare dei Domobranci e della politica propugnata da Rupnik, accanto a forti richiami alle istituzioni ritenute fondanti dei sentimenti sloveni, come la religione e la famiglia.
La rivista sosteneva anche teorie ostili agli Ebrei, pubblicando articoli in chiara chiave antisemita. D'altra parte, lo stesso Rupnik aveva scritto opuscoli antisemiti, come "*Bolscevism: A Tool of International Jewry*", e attaccava gli ebrei in molti dei suoi discorsi pubblici, come durante il secondo giuramento dei Domobranci:

> "[…] *Chi sono i nostri nemici? Sono le persone e le nazioni che immaginano che l'ebreo condividerà con loro il suo dominio e le sue spoglie, e credono in un gigante d'oro. Si sono lasciati imporre, opprimere, comprare e trasformare in carne da cannone dagli ebrei e, nella speranza delirante di un falso paradiso, sono diventati gli strumenti indecisi dei loro padroni ebrei e quindi assassini, ladri, incendiari e rapaci assetati di sangue bestie. Nella misura in cui queste bestie vengono dall'est, sono i bolscevichi e sono aiutati come strumenti senza scrupoli e accecati da coloro che abbiamo imparato a conoscere come ricchi assassini dell'Occidente*".

Le unità dei Domobranci, insieme a reparti di polizia, giurarono fedeltà alla nazione slovena in due occasioni, il 20 aprile 1944 compleanno di Hitler, ed il 30 gennaio 1945, 12° anniversario della salita al potere del Nazismo in Germania, nello stadio Bežigrad a Lubiana.
Durante la prima cerimonia, alla presenza del governatore della Provincia Rupnik e del generale delle SS Erwin Rösener, fu issata per la prima volta la bandiera nazionale slovena, che era stata abolita durante l'occupazione italiana, e fu esposto lo stemma della regione della Carniola. Furono suonati l'inno tedesco e l'inno della nuova nazione slovena, "*Naprej zastava slave*", "*Alza lo stendardo della gloria*". Prima del giuramento, il vescovo Rožman officiò una Santa Messa i Domobranci, al termine della quale, nonostante gli inviti di Rupnik a rimanere in tribuna con le autorità, si allontanò in automobile, proprio nel bel mezzo del giuramento. Durante la cerimonia Leon Rupnik ed il generale delle SS Erwin Rösener tennero infervorati discorsi, alla presenza di alcuni ospiti di rilievo, tra cui il console onorario dello Stato indipendente di Croazia ed il rettore dell'Accademia slovena delle scienze e delle arti[10].
Il generale Rösener in questa occasione distribuì distintivi per ferita in azione e decorò con medaglie al valore alcuni membri di questa milizia.
Questo il testo del giuramento prestato dai Domobranci e dai membri delle forze dell'ordine:

> "*Giuro su Dio onnipotente che sarò leale, coraggioso e obbediente ai miei superiori, che starò in una lotta comune con le forze armate tedesche, che sono sotto il comando del leader della Grande Germania, delle truppe delle SS e della polizia contro i banditi comunismo e dei loro alleati; questo dovere lo svolgerò coscienziosamente per la mia patria slovena come parte di un'Europa libera. Per questa lotta sono anche pronto a sacrificare la mia vita. Allora aiutami Dio!*"

Ogni appartenente alla Slovensko Domobrantsvo, inoltre, sottoscrisse anche questa una dichiarazione, redatta in tedesco e sloveno:

> "*Sono entrato volontariamente nello Slovensko Domobranstvo, nella battaglia e nella distruzione del comunismo che ha già portato dolore al mio paese e messo in pericolo l'intera Europa. La mia ferma determinazione con tutte le sue forze è di combattere sotto la guida tedesca per il bene del mio paese e dell'Europa e a questo scopo offro la mia vita. Ho confermato oggi questo impegno con un santo giuramento. Sono stato informato dei miei doveri e diritti in merito al servizio, alla disciplina e al trattamento economico*".

---
10 L'Accademia Slovena delle Scienze e delle Arti era un'istituzione fortemente appoggiata da Rupnik, in virtù del suo valore nazionalista.

Benché tenutisi in due date significative per il Nazionalsocialismo, i due giuramenti non rappresentarono una dichiarazione di fedeltà al Führer, ma alla nazione slovena (anche se non mancarono riferimenti al Reich tedesco); per i sostenitori del Nazismo si trattò comunque di un'importante operazione propagandistica. Sicuramente però il giuramento rappresentò un atto esteriore che sanciva una maggiore controllo sulla Guardia Territoriale Slovena, limitandone l'autonomia[11].

È accertato che alcuni ufficiali, provenienti dalle fila del dissolto esercito jugoslavo, riuscirono a disertare entrambe le cerimonie previste per i Domobranci, perché decisi a tenere fede al giuramento fatto a Re Pietro e a non voler sottostare a quella che veniva vissuta come un›imposizione tedesca.

Le unità della Carniola (*Gorenjsko Domobrantsvo*) e del Litorale (*Slovensko Narodno Varnostni Zbor*), di cui parleremo più avanti, non prestarono invece mai giuramento.

Complessivamente la *Slovensko Domobrantsvo* ebbe circa 1.800 caduti nel corso dei suoi due anni di vita operativa.

L'inno per la *Slovensko Domobrantsvo* era la canzone "*Naj čuje nas*", "*Facciamoci sentire*", su parole di Alojzij Mav:

"*Naj čuje nas presvetli bog
in zemlje krog.
Naj trobojnice svobodno vihrajo,
duše hvalnice radostno igrajo:
mir v deželi naše geslo je!
Saj sinovi smo Slovenije,
naše lepe slavne matere;
v slogi bratski hvali naj boga
vsa Slovenija*".

"Che il santo Signore ci ascolti
e la terra un cerchio.
Lasciate che i tricolori vaghino liberi,
le anime di lode danzano gioiose:
pace nella terra è il nostro motto!
Siamo figli della Slovenia,
le nostre bellissime mamme sono famose;
in stile fraterno, tutta la Slovenia
lodi il Signore".

Un altro inno diffuso tra i Domobranci era "Za dom v boj!", " Combattere per la Patria!":
"*Hura, za dom v boj!
Mi smo slovenske zemlje čuvarji,
geslo je naše: Dom, Narod, Bog!
Naj razbesne se strašni viharji,
z nami je narod, z nami je bog.

Mi domobranci vsi se borimo,
narod slovenski sovrag nam tepta;
vsi za orožje krepko zgrabimo,
v boj nad sovraga, povelje velja!*

---

[11] Alcune fonti addirittura sostengono che il giuramento sarebbe stato estorto dai tedeschi, come richiesto dal con la minaccia di sciogliere la Slovensko Domobrantsvo, dietro ordine del generale Rösener.

*Hajd'mo v boj za vero nam sveto,
pesem slovenska naj se glasi,
združeno v borbi se borimo vneto,
narod slovenski živi, naj živi!*

*Mi smo slovenske zemlje čuvarji,
geslo je naše: Dom, Narod, Bog!
Naj razbesne se strašni viharji,
z nami je narod, z nami je bog.
Hura, za dom v boj!"*

*"Evviva, combattere per la Patria!
Siamo i custodi della terra slovena,
il nostro motto è: Famiglia, Nazione, Dio!
Lascia che le terribili tempeste infurino,
la nazione è con noi, Dio è con noi.*

*Noi tutte guardie slovene combattiamo,
la nazione slovena è calpestata dal nemico;
tutti noi afferriamo le nostre armi con coraggio,
per combattere il nemico, il comando è valido!*

*Andiamo a combattere per la nostra sacra fede,
la canzone slovena dovrebbe leggere,
uniti in battaglia combattiamo con fervore,
la nazione slovena vive, lasciala vivere!*

*Siamo i custodi della terra slovena,
il motto è nostro: Famiglia, Nazione, Dio!
Lascia che le terribili tempeste infurino,
la Nazione è con noi, Dio è con noi.
Evviva, combattere per la Patria!"*

▲ Artiglieri sloveni impegnati a scovolare un cannone (*Slovensko Domobrantsvo*).

▲ Domobranci ritratti mentre mettono in posizione un pezzo controcarro italiano da 47/32 (*Slovensko Domobrantsvo*).

▼ Una batteria della Slovensko Domobrantsvo in posizione pronta al fuoco (*Slovensko Domobrantsvo*).

▲ Mortaisti si preparano al fuoco, mentre un sottufficiale effettua i calcoli di tiro (*Slovensko Domobratsvo*).
▼ Bocche da fuoco catturate dai Domobranci ai partigiani di Tito nell'agosto 1944: tra di esse un cannone anticarro italiano da 47/32 tiro (*Slovensko Domobratsvo*).

▲ Un ufficiale sloveno a cavallo posa tra i pezzi di artiglieria catturati della fotografia precedente tiro (*Slovensko Domobratsvo*).

▲ Avuto il via libera dalla vedetta, i reparti della Slovensko Domobrantsvo si mettono in marcia per effettuare un'operazione contro i partigiani (*Slovensko Domobratsvo*).

▲ Vengono messe in posizione anche alcune bocche da fuoco, tra cui questo vetusto cannone italiano, per sostenere l'azione dei reparti di fanteria tiro (*Slovensko Domobratsvo*).
▼ Militari sloveni e tedeschi si confrontano nel corso dell'operazione di rastrellamento

▲ La bandiera di guerra della Slovensko Domobrantsvo, che riporta lo stemma del reparto sui colori nazionali sloveni.

▼ La bandiera slovena con lo stemma dei Domobranci al balcone di un'abitazione durante il discorso di un alto ufficiale della milizia di Rupnik (*Slovensko Domobrantsvo*).

▲ Zinka Rupnik, Leon Rupnik e Vuk Rupnik, figlio di Leon.

▼ Soldati del cosiddetto "Gruppo Rupnik", reparto d'assalto comandato da Vuk Rupnik.

▲ Derivato dal "Gruppo Rupnik", il 3° Battaglione d'Assalto si distinse in combattimento per tutta la durata del conflitto. I soldati in questa immagine indossano un'accozzaglia di indumenti e (soprattutto) accessori di provenienza mista italiana, tedesca e danese (*Slovensko Domobrantsvo*).

▼ Un reparto di Genieri dei Domobranci impegnati nella costruzione di un ponte in legno.

▲ Bella immagine di uno dei semoventi italiani da 47/32 L40 dei Domobranci sloveni, apparsa sulla copertina del n° 5 della rivista del reparto "Slovensko Domobrantsvo" (*Slovensko Domobrantsvo*).

▲ Altre immagini dello stesso semovente, apparse all'interno della rivista. Questo mezzo, ricevuto insieme al resto della fornitura dalle Forze Armate tedesche nella seconda metà del '44, era di produzione tarda, con la casamatta modificata (*Slovensko Domobrantsvo*).

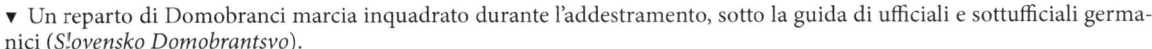
▲ Questi ciclisti della Slovensko Domobrantsvo, schierati per una rivista, indossano tutti elmetto italiano M33 (*Slovensko Domobrantsvo*).

▼ Un reparto di Domobranci marcia inquadrato durante l'addestramento, sotto la guida di ufficiali e sottufficiali germanici (*Slovensko Domobrantsvo*).

▲ Istruzione degli allievi artiglieri della Slovensko Domobrantsvo presso la scuola della milizia volontaria slovena (*Slovensko Domobrantsvo*).

▲ Allievi Domobranci vengono istruiti all'uso dei mortai (*Slovensko Domobrantsvo*).

▼ Dopo l'istruzione teorica, si passa all'insegnamento pratico e gli allievi vengono portati su un'altura dove metteranno in batteria i mortai ed effettueranno le prime prove di sparo (*Slovensko Domobrantsvo*).

▲ Iconica immagine di un trombettiere dei Domobranci (*Slovensko Domobrantsvo*).

▼ Alcuni ufficiali studiano il piano d'azione durante un'operazione antipartigiani (*Slovensko Domobrantsvo*).

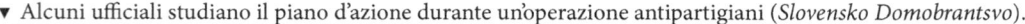

▲ Un militare della Slovensko Domobrantsvo avanza su un'altura: è armato con un MAB italiano, con due bombe a mano tedesche e trasporta delle cassette di munizioni per una mitragliatrice (*Slovensko Domobrantsvo*).

▲ Soldati sloveni avanzano su un crinale durante un'esercitazione (*Slovensko Domobrantsvo*).

IL CORPO NAZIONALE DI DIFESA SLOVENO (SLOVENSKO NARODNO VARNOSTNI ZBOR)[12]

Sul litorale sloveno fu creata un'unità simile ai Domobranci, il Corpo Nazionale di Difesa Sloveno (*Slovensko Narodno Varnostni Zbor*), conosciuto anche come Guardia Territoriale del Litorale (*Primorsko Domobrantsvo*); ebbe anch'essa compiti di repressione antipartigiana. Fu costituita il 12 novembre 1943, facendo seguito ad un ordine dell'HSSPF Odilo Globocnik del 26 ottobre ed all'autorizzazione avuta dal generale delle SS Erwin Roesner.. Il suo comandante fu il colonnello Anton (detto Tone) Kokalj, un ufficiale sloveno originario della provincia del Litorale (*Primorska*), ma l'unità era di fatto a disposizione del comandante tedesco Globocnik, che controllava questa unità attraverso il *Leitstab für Landeseigene Verbände*, comandato dall'Oberleutnant der Schu.Po. Rossbacher. In aggiunta furono aggregati alla *Primorsko Domobrantsvo* (altro nome con cui era conosciuto lo S.N.V.Z.) degli ufficiali tedeschi di collegamento, che impartivano direttive relative alle attività dell'unità. Lo S.N.V.Z. era sostenuto dalla borghesia slovena e doveva arruolare cittadini sloveni residenti nelle tre provincie italiane di Gorizia, Trieste e Fiume.

La Guardia Territoriale del Litorale, ideologicamente ed organizzativamente collegata ai Domobranci, con un continuo sali e scendi, raggiunse un organico limitato, che le fonti indicano oscillare tra i 2.000 ed i 3.500 uomini, anche se il numero più credibile è di 1.782 uomini, raggiunto nell'agosto del 1944: il reclutamento, su base volontaria, fu in effetti molto difficoltoso, tanto che un buon numero di ufficiali fu reclutato nella *Provinz Laibach*, attraverso un'azione di convincimento svolta tra i Domobranci dal loro stesso comandate, colonnello Krenner[13]. Questi uomini provenienti dai Domobranci si sarebbero dovuti poi occupare dell'addestramento delle reclute del Litorale. L'unità doveva essere impiegata nella cosiddetta regione del Litorale, la *Primorska*, appunto, e nelle zone dell'Italia nordorientale, al confine con l'Austria e la Slovenia (Friuli Venezia Giulia ed Istria).

All'interno dello *Slovensko Narodno Varnostni Zbor*, che i tedeschi identificavano come *Slowenischer Landschutz*, fu organizzato un Comando, con funzioni anche di Riserva, a Trieste. L'intera organizzazione dell'S.N.V.Z. era strutturata in dipartimenti, che si occupavano di tutti gli aspetti legati alla vita ed all'attività della Landschutz:

- Dipartimento Propaganda: capitano (e cappellano) dottor Ignacij Kunstelj
Sezione collegamento: tenente Karlo Rakovec
- Dipartimento Economico: maggiore Franc Cokan,
Sezione Materiali: maggiore Lovro Treo
- Intelligence: capitano Jože Majce
- Dipartimento Genio: tenente dottor Egon Stare
- Reparto Matricole: capitano Ludvik Gračner
- Ufficio Religioso: capitano (e cappellano) dottor Ignacij Kunstelj
- Sezione Culturale e Politica: dottor Ivan Martelanc
- Sezione Polizia: capitano dottor Jože Kovačič
- Sezione Medica: dottor Aleksander Ferenčak

---

[12] Per un'analisi approfondita della storia di questa unità si veda il libro di Paolo Crippa e Giovanni Maressi "La Landschutz del Litorale Adriatico", citato in bibliografia.

[13] La S.N.V.Z. soffrì anche di un tasso di diserzione elevatissimo, che dissanguò ulteriormente i già esigui ranghi di questa unità. Un elemento che spinse molti sloveni a rifuggire dall'arruolamento nella S.N.V.Z. fu il fatto che, tra la popolazione locale, già alla fine del 1943 era chiaro come l'Asse destinato a perdere la guerra e, pertanto, vi era un sentimento diffuso di timore per quanto sarebbe potuto accadere a chi si sarebbe arruolato in reparti "collaborazionisti".

L'unità base dell'S.N.V.Z. erano le cosiddette Guardie di Sicurezza, realtà a livello locale, queste unità erano raggruppate in 16 Compagnie di Fucilieri, che riunivano unità di località limitrofe, che a loro volta formavano 4 Gruppi di Sicurezza:
- *Postonja* (area di Trieste)
    - 7ª Compagnia fucilieri
    - 8ª Compagnia fucilieri
    - 11ª Compagnia fucilieri
- *Gorica* (area di Gorizia)
    - 2ª Compagnia fucilieri
    - 5ª Compagnia fucilieri
    - 6ª Compagnia fucilieri
    - 9ª Compagnia fucilieri
    - 16ª Compagnia fucilieri (che operò anche con il Gruppo Idrija)
- *Ilirska Bistrica* (area di Fiume).
    - 1ª Compagnia fucilieri
    - 3ª Compagnia fucilieri
- *Idria* (area di Fiume)
    - 10ª Compagnia fucilieri
    - 15ª Compagnia fucilieri
    - 16ª Compagnia fucilieri (che operò anche con il Gruppo Gorica)
    - 17ª Compagnia fucilieri

A Trieste, inoltre, si trovavano la 4ª, la 12ª e la 14ª Compagnia fucilieri, oltre alla Compagnia di Riserva. Per carenza di organico ed a causa di diserzioni, la 13ª Compagnia fucilieri non fu mai costituita, così come la 4ª, la 12ª e la 14ª furono successivamente soppresse. I quattro Gruppi si svilupparono autonomamente ed in modo diverso l'uno dall'altro, secondo le esigenze operative della singola provincia. In un primo tempo le Compagnie erano frazionate in numerosi predidi sparsi anche nelle campagne, ma in questo modo l'utilità di questa unità risulto veramente limitata, offrendo un quasi nullo potenziale offensivo e risibile capacità difensiva. A causa di questa grave deficienza, il 27 ottobre 1944, dietro ordine del generale Globoccnik, che puntava a rendere lo S.N.V.Z. un'unità un reparto da impegnare più efficacemente nella lotta contro i partigiani, i 4 Gruppi che formavano la *Primorsko Domobrantsvo* divennero altrettanti Battaglioni (ciascuno su 4 Compagnie ed 1 Compagnia Armi Pesanti), che formarono il 1° Reggimento d'Assalto Costiero Sloveno. Le unità furono concentrate nella zona tra Postumia e Ilirska Bistrica, dove venivano controllate da un nuovo Quartier Generale reggimentale. Il 28 novembre il colonnello Anton Kokalj fu ufficialmente nominato comandante del 1° Reggimento d'Assalto Costiero Sloveno.

A marzo del 1944 all'interno del *Primorsko Domobrantsvo* erano stati create due Compagnie di Sicurezza e cinque Plotoni di Polizia Urbana (*Policija*), a cui si aggiunse nel febbraio dell'anno successivo una Polizia Rurale (*Orozniski Zbor*).

A dicembre del 1944 il 1° Reggimento d'Assalto fu spostato tra Postumia e Idrija, dove ricevette il compito di garantire la sicurezza delle vie di comunicazioni stradali e ferroviarie, impegnando 3 Battaglioni nell'attività operativa contro i partigiani del IX Corpus, mentre il 2° Battaglione divenne unità di addestramento, con sede a Postumia, diventando nel successivo mese di febbraio Forza di Difesa di Riserva (*Rezavna Dezelna Bramba*), al comando del Maggiore Sinkovec.

Dal punto di vista bellico, la Landschutz slovena non svolse mai un ruolo militare importante, perché il numero di effettivi era limitato ed i tedeschi, di conseguenza, la usavano spesso per presidiare ferrovie, strade e ponti in assenza di proprie unità. L'unico reparto che prese parte attivamente ad importanti operazioni controguerriglia fu proprio il cosiddetto *Kampfgruppe Ajdovščina*, dislocato nella Valle del Vipacco: si trattava di un'unità di formazione, forte di circa 450 uomini, comandata del capitano Joz Dergance, dislocata nella Valle del Vipacco a disposizione dei tedeschi, per essere impiegato in azioni contro i partigiani. Anche il 1° Battaglione prese parte attiva a diverse azioni limitate contro i partigiani. A dicembre del 1944 lo S.N.V.Z. partecipò ad una vasta operazione contro i partigiani del IX Corpus, ordinata dal generale Globlocnik nella zona di Gorizia. All'inizio di marzo del 1945 la lo S.N.V.Z. fu impegnato nell'operazione *Ruebezahl*, che mirava a distruggere le imponenti forze partigiane presenti nella città di Lokve, raggiungendo moderati e temporanei successi. L'ultima grande operazione di polizia a cui prese parte l'unità si protrasse dal 19 marzo al 7 aprile, senza conseguire alcun risultato contro i partigiani del IX Corpus, che riuscirono a fuggire. I combattimenti più intensi furono sostenuti dall'S.N.V.Z. proprio durante gli ultimi giorni del conflitto: il 26 aprile i partigiani lanciarono una dura offensiva nella zona dove si trovava lo S.N.V.Z. ed il 30 aprile la *Landschutz* slovena iniziò a ritirarsi verso Gorizia. Il 1° maggio 1945, i soldati della S.N.V.Z. in ritirata incontrarono i primi carri armati britannici vicino al villaggio di Fari, il 4 maggio 1945 furono disarmati e internati nel campo di Visco, nei pressi di Palmanova, da dove vennero poi smistati in diversi campi di prigionia in Italia. Dopo la guerra, alcuni ufficiali della *Slowenische Landschutz* furono arrestati e condannati a morte e molti miliziani trovarono la morte per mano dei partigiani titini.

Kokalj, al termine delle ostilità cercò di mettersi in salvo raggiungendo Gorizia con altri ufficiali dell'S.N.V.Z., ma lì furono catturati dai membri dell'O.Z.N.A e giustiziati. Altre fonti sostengono che Kokalj fu ucciso in combattimento nel febbraio 1945 e fu quindi sostituito dall'SS-Major Georg Michalsen, al quale subentrò in aprile il Major Janko Debeliak.

▲ Dopo avere ricevuto gli ordini, i soldati sloveni vanno ad assumere le posizioni di partenza per un rastrellamento (*Slovensko Domobrantsvo*).

▲ Due esausti soldati sloveni riposano durante una pausa nel corso di un'operazione militare (*Slovensko Domobrantsvo*).

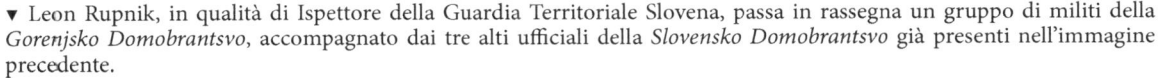

▲ Leon Rupnik, in abiti civili, insieme ad alcuni alti ufficiali della Slovensko Domobrantsvo, mentre si appresta a fare visita ai neocostituiti reparti della *Gorenjsko Domobrantsvo*, la Guardia Territoriale della Carniola Superiore.

▼ Leon Rupnik, in qualità di Ispettore della Guardia Territoriale Slovena, passa in rassegna un gruppo di militi della *Gorenjsko Domobrantsvo*, accompagnato dai tre alti ufficiali della *Slovensko Domobrantsvo* già presenti nell'immagine precedente.

▲ Due soldati sloveni di fronte ad un edificio colpito da bombe nemiche.

▲ È il momento del rancio per questo giovane mortaista; porta in spalla un mortaio italiano Brixia da 45 mm (*Slovensko Domobrantsvo*).

▲ Soldati sloveni e tedeschi nel corso di un'operazione contro i partigiani jugoslavi: gli autocarri sono delle forze armate germaniche.

▼ Un obice da 100/17 o 100/22 dell'artiglieria dei Domobranci, trainato da un'autoblinda AGDZ della 13. (verst) Pol.Pz.Kp. durante un'azione nel settembre 1944 (*Slovensko Domobrantsvo*).

▲ Combattenti della 48ª Compagnia del Battaglione comandato da Lev Rupnik.

▼ Solenne cerimonia militare in ricordo di militari sloveni caduti. L'immagine è molto interessante perché permette di evidenziare l'estrema eterogeneità delle uniformi indossate dai Domobranci, formate da capi d'abbigliamento italiani, tedeschi, jugoslavi e persino danesi (*Slovensko Domobrantsvo*).

▲ Una fanfara dei Domobranci tiene un concerto all'aperto a Lubiana, capitale della Slovenia (*Slovensko Domobrantsvo*).

▼ Un autocarro OM Taurus, con protezioni di circostanza, stracarico di miliziani, durante la stessa operazione delle foto precedenti. Il mezzo reca la targa "Slov.D. 56", apparentemente scritta a mano (*Slovensko Domobrantsvo*).

▲ Autoambulanza su telaio SPA38R, anche questa requisita agli italiani (*Slovensko Domobrantsvo*).

▼ Infermiera in un ospedale militare sloveno: anche la donna porta lo stemma della *Slovensko Domobrantsvo* sulla manica sinistra (*Slovensko Domobrantsvo*).

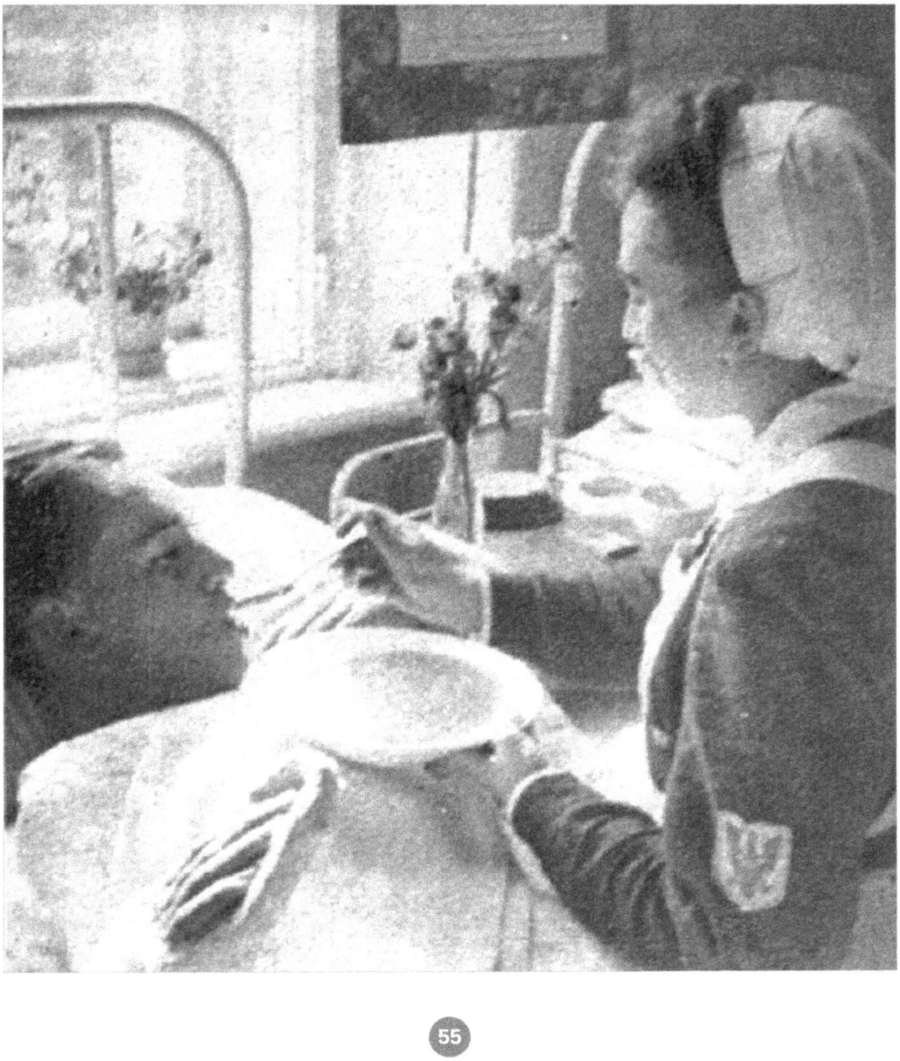

▲ Forte fu la propaganda che richiamava ai valori tradizionali portata avanti dal movimento nazionalista guidato da Rupnik, anche sulle pagine della rivista dei Domobranci: in questo caso una fotografia senz'altro iconica, che mostra un militare che solleva affettuosamente la figlia (*Slovensko Domobrantsvo*).

▲ Foto ricordo di tre Domobranci del 2° Battaglione della *Slovensko Domobrastvo*, comandato da Vuk Rupnik (*collezione privata*).
▼ Geniere dei Domobranci: sulle spalline si nota il fregio della Compagnia Trasmissioni (*Slovensko Domobrantsvo*).

▲ Geniere dei Domobranci si appresta a riparare una linea telegrafica danneggiata. Si nota in bella vista lo scudetto da braccio peculiare di questa milizia (*Slovensko Domobrantsvo*).

LA GUARDIA TERRITORIALE DELLA CARNIOLA SUPERIORE (GORENJSKO DOMOBRANTSVO)

Nella Carniola Superiore fu organizzata una milizia altrettanto piccola (si parla di meno di 2.500 unità nel maggio 1945) denominata Guardia Territoriale della Carniola Superiore (*Gorenjsko Domobrantsvo* in sloveno e *Oberkrainer Selbstschutz* in tedesco), anch'essa legata ai Domobranci e con gli stessi compiti. Il primo nucleo della Guardia della Carniola fu costituito a Kranj, nella valle Połyansky, il 9 gennaio 1944 con un migliaio di volontari della provincia della Carniola Superiore (*Gorenjsko* in sloveno, *Oberkrain* in tedesco), dietro ordine della Gestapo. In un primo momento venivano ammessi nel corpo solamente sloveni di etnia tedesca, ma, successivamente, fu necessario arruolare volontari sloveni di qualunque etnia, purché residenti nella regione. Furono creati 46 piccoli presidi in tutta la regione, tra cui i più importanti furono quelli di Škofja Loka e Kranj, dove, nell'autunno del '44, fu stabilito anche il Comando della *Gorenjsko Domobrantsvo* e dove si trovava anche una Compagnia Mobile.

Il comandante della Guardia della Carniola era l'SS-Oberscharführer Erich Diechtl della Gestapo; solo il 4 dicembre 1944 furono affidati compiti di comando ad un ufficiale Sloveno, Slavko Krek, che era comunque subordinato agli ordini dell'HSSPF Rösener; successivamente Krek, ucciso in comabttimento, fu sostituito da Franc Erpic. Erich Dichtl era un carismatico sergente austriaco della Gestato che, oltre a parlare fluentemente la lingua locale, era stato l'ideatore della *Gorenjsko Domobrantsvo*. Dichtl, grazie ad una meticolosa e quasi maniacale pianificazione operativa, accrebbe le fila della milizia, fino a superare le 2.000 unità; nell'ottobre del 1944 con 100 – 150 dei migliori uomini creò un reparto speciale d'assalto destinato esclusivamente alla lotta contro i partigiani, la già citata Mobile di stanza a Kranj, che era posto alle dirette dipendenze della Gestapo

Gli abitanti della regione delle classi 1916 – 1926 furono richiamati nelle forze armatetedesche a partire dal giugno 1944; il governatore Rainer riuscì però a far sì che chi si arruolava nella *Gorenjsko Domobrantsvo* venisse esentato dalla chiamata alle armi e, anzi, anche chi disertava dai ranghi tedeschi, poteva arruolarsi in questa milizia, senza subire punizioni di alcun genere[14].

Gli appartenenti a questa piccola milizia avevano compiti simili a delle guardie di villaggio, con il compito di reprimere le attività partigiane della regione, coadiuvati e diretti dagli uffici locali della Gestapo, raggiungendo dei buoni risultati.

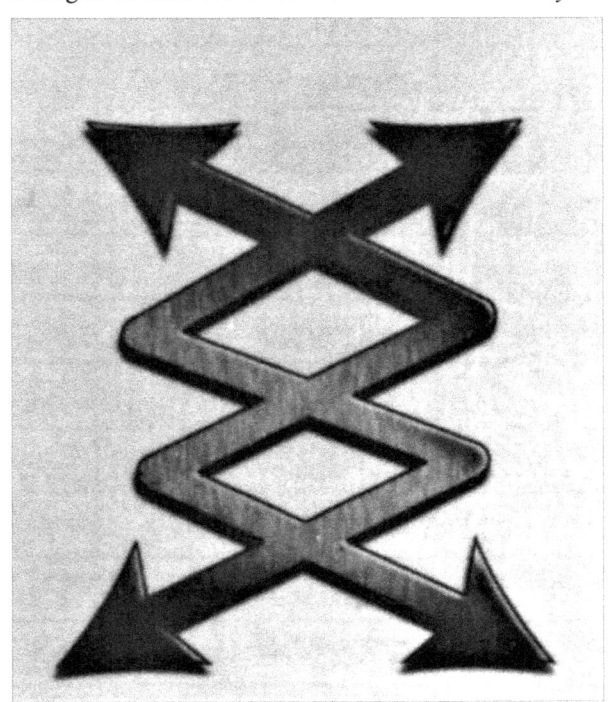

▲ Lo speciale distintivo della Compagnia Trasmissioni portato sulle controspalline: un fregio metallico costituito da due saette che si intersecavano più volte, una simbologia che chiaramente richiamava la peculiarità della specialità (*collezione privata*).

---

14 Usufruirono di questa possibilità anche sloveni che avevano cercato di evitare l'arruolamento nelle Forze Armate tedesche, passando nelle fila partigiane; alcune fonti riportano che il 28% degli appartenenti alla Guardia della Carniola fossero proprio ex partigiani, che avevano scelto la Resistenza, non per convinzione, ma per evitare la coscrizione.

Al termine della Seconda guerra mondiale la *Gorenjsko Domobrantsvo* fu assegnata ad una delle tre Divisioni del ricostituito Esercito Nazionale Sloveno, a riprova delle doti militari di questo piccolo corpo, esercito che si dissolse poi con l'avvento del regime di Tito sull'intera Jugoslavia.

▲ Disegno al tratto proveniente dalla rivista dei Domobranci, che raffigura uno dei treni armati sloveni. La Slovensko Domobrantsvo fornì equipaggi per 5 treni armati che sorvegliavano le linee ferroviarie Lubiana-Rakek e Grosuplje-Kočevje (*Slovensko Domobrantsvo*).

▲ Disco in vinile di propaganda intitolato "*Mati, Domovina, Bog*", "*Madre, Patria, Dio*", contente su di un lato la canzone "*Naj čuje nas*", "*Facciamoci sentire*", cantato da un coro di Domobranci, e dall'altro l'inno "*Za dom v boj!*", " *Combattere per la Patria!*", performato dalla Banda e Coro della Slovensko Domobratsvo.

▼ Tra le file dei Domobranci furono organizzati anche reparti di Polizia Urbana, che espletavano tutti i compiti di sicurezza interni. In questa immagine un milite dirige il traffico di un incrocio nella città di Lubiana; tra la nebbia, alle sue spalle si intravede la sagoma del castello della capitale slovena (*Slovensko Domobrantsvo*).

▲ Pattuglia di poliziotti ciclisti: anche sul braccio sinistro delle loro uniformi spicca lo scudetto dei Domobranci (*Slovensko Domobrantsvo*).

▼ Reparti di polizia durante l'addestramento (*Slovensko Domobrantsvo*)..

▲ Poliziotti a cavallo in un parco di Lubiana (*Slovensko Domobrantsvo*).

▲ I reparti di polizia ricevettero una specifica istruzione, tenuta da istruttori nazionali e tedeschi (*Slovensko Domobrantsvo*).

▼ Militari della polizia urbana inquadrati da un ufficiale (*Slovensko Domobrantsvo*).

▲ Istruzione all'uso delle armi da fuoco (*Slovensko Domobrantsvo*).

▼ Un reparto di mortaisti dei Domobranci apre il fuoco da una posizione in mezzo alla neve, durante un'operazione di rastrellamento (*Slovensko Domobrantsvo*).

▲ Artiglieri della 3ª Batteria dei Domobrani, di stanza a Velike Lašče in Slovenia (*Slovensko Domobrantsvo*).

▼ Il vescovo di Lubiana Gregorij Rožman viene ricevuto del generale delle SS Erwin Rösener ed Leon Rupnik, in abiti borghesi in qualità di governatore della Provincia di Lubiana, presso lo stadio Bežigrad il 20 aprile 1944.

▲ Le autorità slovene e tedesche a colloquio prima della cerimonia del giuramento dei Domobranci del 20 aprile 1944.

▼ Nella scenografica cornice allestita allo stadio Bežigrad, è stata issata la bandiera nazionale slovena: si tratta della prima occasione ufficiale in cui appare, dopo che il suo uso era stato vietato durante l'occupazione italiana e fu esposto lo stemma della regione della Carniola.

▲ Semoventi dei Domobranci durante la cerimonia di giuramento nello stadio Bežigrad a Lubiana. Il mezzo in secondo piano sembra avere la casamatta del primo tipo, non allargata e si nota come le chiazze della mimetica siano di due colori, probabilmente marroni e verdi.

▼ L'imponente schieramento dei Domobranci e dei poliziotti allo stadio Bežigrad a Lubiana.

▲ Le unità dei Domobranci, insieme ai reparti della Polizia Urbana, giurarono fedeltà alla nazione slovena alla presenza del governatore della Provincia Rupnik (nella foto in borghese) e del generale delle SS Erwin Rösener e ad ufficiali tedeschi e sloveni. Il vescovo Rožman, invece, dopo avere celebrato una Santa Messa per i militari riuniti, abbandonò la cerimonia.

▼ Un altro momento della cerimonia del giuramento dei Domobranci.

▲ Il generale delle SS Erwin Rösener passa in rassegna le truppe slovene schierate nello stadio di Lubiana; a sinistra, in borghese, Rupnik.

▼ Un carro armato sovietico T-34 catturato dai tedeschi (nella denominazione germanica Pz.Kpfw T-34 m.1942 43) della 5 (verst) Pol.Pz.Ko. fotografato in Italia nella zona di Gorizia nell'estate del 1944. In piedi sul carro un milite sloveno dei Domobranci.

LA FINE DELLA GUERRA IN SLOVENIA

Il 3 maggio 1945 la Slovenia si dichiarò indipendente, con la speranza di ricevere aiuto e protezione dagli Anglo-americani dalle mire di Tito, ed il giorno successivo fu dichiarata la rinascita nominale dell'Esercito Nazionale Sloveno[15], al comando del maggiore Generale Krener, ma questa dichiarazione d'intenti non ricevette alcun sostegno da parte degli Anglo-americani. Per gli Sloveni questo fu l'ultimo tentativo di affrancarsi e di rimanere liberi dal giogo comunista di Tito. Il neonato Esercito risultava formato dalla Divisione *Liubljanska* (formata dalla *Slovensko Domobrastvo*), dalla Divisione *Gorenjska* (ovvero la *Gorenjsko Domobrantsvo*) e dalla Divisione *Primorska* (cioè la *Slovensko Narodno Varnostni Zbor*). La Divisione *Gorenjska* fu l'unica che riuscì ad arrendersi alle forze armate britanniche dell'VIII Armata, nei pressi di Gorizia; le altre due Divisioni andarono incontro ad un triste destino.

Anche in questo caso, protagonista di quelle giornate fu il 2° Battaglione della *Slovensko Domobrastvo* agli ordini di Vuk Rupnik, che nel frattempo (gennaio 1945) era stato promosso maggiore ed era stato insignito dai tedeschi della Croce di Ferro di 1ª classe, mentre conduceva il proprio Gruppo di battaglia in combattimento. Infatti, già un mese prima della fine della guerra, il 2° Battaglione d'Assalto, anziché iniziare a ripiegare, scagliò un'offensiva atta a cercare di conquistare il territorio della Bela Krajina (Carniola Bianca), cuore dello schieramento partigiano del 7° Korpus. Sotto la guida di Vuk Rupnik, il Battaglione non si arrestò, ma continuò a combattere, conseguendo la sua ultima vittoria il 10 maggio 1945, durante la ritirata verso la Carinzia, quando attaccò il quartier generale dei partigiani a Borovlje e i due ponti sulla Drava, occupati dai titini due giorni prima l'8 maggio. Le unità partigiane erano forti, armate fino ai denti e numerose, composte dalla Brigata di Bračič, forte di 1.616 combattenti e dal distaccamento di Kokrška, con 1.000 combattenti. Il blocco dei ponti impediva il ritiro delle forze della Slovensko Domobrantsvo, dei tedeschi e di migliaia di profughi sloveni in Cariniza; il tenente colonnello Vuk Rupnik, che aveva a disposizione 1.500 soldati, portò un violento attacco con il suo Battaglione, riuscendo a sfondare il blocco partigiano sulla Drava, permettendo così il passaggio dei profughi e dei soldati sloveni e germanici. L'11 maggio il Battaglione partecipò alla distruzione della prigione partigiana che si trovava vicino a Borovlje. Mentre i suoi uomini andarono per lo più incontro ad un triste destino, (rimandati dagli inglesi in Jugoslavia, dove molti finirono messi a morte), Vuk Rupnik riuscì a vivere alla macchia in Austria, guadagnandosi da vivere lavorando nelle fattorie del Tirolo, per poi trasferirsi in Argentina[16]. Il Battaglione di Rupnik contava 1.180 uomini, di cui solo 45 caddero durante la guerra, a riprova dell'abilità di questi combattenti e del loro comandante, mentre ben 728 furono uccisi dopo la guerra come prigionieri di guerra; una manciata di questi soldati fu però protagonista du una spettacolare fuga dal campo di Vetrinje, riuscendo così a sfuggire al destino segnato.

Facciamo ora un passo indietro: nelle ultime settimane del conflitto la Croazia prima e la Slovenia poi furono travolte dall'impeto delle forze partigiane titine. Iniziò così un ripiegamento in massa verso l'Austria, ritenuta più sicura, dapprima delle Forze Armate e delle formazioni paramilitari croate e, successivamente, anche dei reparti sloveni. Si formarono così alcune lunghe ed ordinate colonne, costituite da diverse decine di migliaia di persone, in larga parte Ustasha, Domobranci e soldati regolari, ma anche Cetnici serbi, Cosacchi e moltissimi civili impauriti dall'avanzata dei comunisti. Aprendosi la strada combattendo, anche dopo la cessazione formale delle autorità, questa marea di fuggitivi si trovò bloccata sul confine tra Slovenia ed Austria e fu di fatto impedito loro di arrendersi alle autorità militari d'occupazione britanniche come desideravano, nella tema di subire ritorsioni da parte dei titini. Il Comando del 5° Corpo dell'VIII Armata britannica stimò che la notte del 13

---

[15] Come abbiamo visto, la nascita di un Esercito Nazionale Sloveno era stata in realtà già pianificata nel luglio 1943.
[16] In Argentina Rupnik dove lavorò come impiegato in una fabbrica tessile a Ciuadela e morì il 14 agosto 1975 a Buenos Aires, all'età di 63 anni.

maggio 1945 fossero già 35.000 le persone che erano riuscite a passare il confine ed a consegnarsi agli Inglesi e che altre 60.000 uomini armati[17] premevano per entrare in Austria.

Infatti, dopo avere sfondato la resistenza titina a Borovlje ed avere attraversato il fiume Drava, militari e civili sloveni si consegnarono alle autorità britanniche; i militari cedettero tutte le si arresero come prigionieri di guerra, secondo le regole della Convenzione di Ginevra. I britannici, dal canto loro, organizzarono rapidamente un campo di emergenza per i Domobranci e per i civili sloveni nei pressi di Vetrinje.

Il 15 maggio la testa della colonna più consistente (secondo un rapporto britannico del 13 maggio si trattava di circa 200.000 soldati croati e 300.000 tedeschi) giunse alle porte del villaggio di Bleiburg (Pliberk in sloveno), dove il comandante croato Herencic tentò di negoziare la resa con il comando della 38ª Brigata di Fanteria britannica. Il generale jugoslavo Basta riuscì però a raggiungere la cittadina ed a partecipare al negoziato, ottenendo da parte del generale inglese Scott la concessione che la resa fosse fatta ai titini e non agli inglesi, assicurando però che i prigionieri di guerra sarebbero stati trattati secondo le garanzie del diritto di guerra internazionale[18]. Lo svolgersi degli eventi successivi non fu mai chiarito, ma pare che, poco dopo il termine del negoziato, i partigiani comunisti aprirono il fuoco su entrambi i lati della colonna, quando i prigionieri erano stati ormai disarmati, senza che i britannici intervenissero per fermare il massacro[19]. Quello di Bleiburg fu l'evento più sanguinoso e cruento registrato in quelle circostanze, ma fosse comuni sono state scoperte in Slovenia negli ultimi decenni sia nei dintorni di Maribor e di Tezno, sia in zone più interne, dove molti altri prigionieri sloveni e croati furono trasferiti dal confine con "marce della morte" per essere uccisi sommariamente. Questi militari sloveni rimpatriati furono dapprima internati dalle autorità comuniste nei tre campi di concentramento di Teharje, Šentvid nad Ljubljana e Škofja Loka. Da lì, la stragrande maggioranza fu uccisa a Kočevské Rog, Hrastnik, Hudi jama ed in altri luoghi della Slovenia. Trovarono la morte in questo modo almeno 11.683 Domobranci, giustiziati dopo processi sommari o addirittura senza subire alcun processo; vennero rilasciati e si salvarono solo coloro che avevano meno di 18 anni o che avevano militato nella Slovensko Domobrantsvo per meno di un anno.

Diverso fu il destino dei militari della *Slovensko Narodno Varnostni Zbor*. Gli alleati, infatti, non consegnarono gli appartenenti alla Guardia del Litorale ai titini, in quanto l'unità combatteva in territorio che, in quel momento, formalmente apparteneva all'Italia e non alla Jugoslavia.

Il governo sloveno nei primi anni 2000 creò una *"Commissione per le Fosse Comuni in Slovenia"*, che investigò sui tragici fatti dal novembre 2005 all'ottobre 2009. Gli studi più attendibili di fonte slovena stimano in 250.000 le vittime e documentano il ritrovamento di 296 fosse comuni, contenenti almeno 190.000 salme. Il poeta Edvar Kobacek fu il primo a denunciare queste esecuzioni di massa in un'intervista al giornale "*Zaliv*" nel 1975 (il cosidetto "Scandalo Zaliv"), dimostrando il coinvolgimento del governo britannico dell'epoca, che aveva interesse a mettere a tacere l'accaduto per non creare fratture con il governo jugoslavo, che allora era visto come un potenziale collaboratore in funzione antisovietica[20].

---

17 Il conteggio, dunque, non tiene conto dei civili.

18 Poiché l'esercito britannico in Carinzia disponeva di forze esigue, il 14 maggio il generale Brian Robertson del Comando supremo alleato per il Mediterraneo aveva inviato al 5° Corpo d'Armata l'ordine di consegnare tutti i 200.000 jugoslavi alle truppe partigiane di Tito. La tragedia per i soldati sloveni si concretizzò nel fatto che nell'ordine fu utlizzato il termine "soldati jugoslavi" e non "croati", nonostante nelle intenzioni del generale Robertson tale trattamento doveva essere riservato ai soli membri delle unità Ustasha. In seguito a questo "errore", il Comando del 5° Corpo d'Armata decise di trattare come "jugoslave" tutte le altre unità antipartigiane provenienti dall'area della Jugoslavia, comprese quelle che si erano già ufficialmente arrese alle autorità britanniche, come gli sloveni.

19 Il numero delle vittime varia molto a seconda delle fonti; il giornalista britannico Misha Glenny sostiene che nella sola zona di Bleiburg furono giustiziati in quei giorni complessivamente 50.000 militari e 30.000 civili.

20 A causa di questa intervista, il cui testo fu scritto da due scrittori sloveni residenti a Trieste, Boris Pahor and Alojz Rebula, Kobaceck fu vittima di un'intensa campagna denigratoria e fu strettamente controllato dai servizi segreti jugoslavi fino alla sua morte. Boris Pahor e Alojz Rebula furono dichiarati indesiderati dal governo di Belgrado e non poterono più mettere piede in Jugoslavia.

▲ Ripristino delle comunicazioni postelegrafoniche effettuato da militari della Compagnia Trasmissioni del Genio (*Slovensko Domobrantsvo*).

▲ Serie di immagini scattate nell'inverno 1944 – 1945. Una sentinella dei Domobranci in una postazione fortificata monta la guardia durante una tormenta di neve (*Slovensko Domobrantsvo*).

▼ L'inverno a cavallo tra il 1944 ed il 1045 fu particolarmente duro ed i Domobranci furono impegnati a portare assistenza agli abitanti dei centri più defilati, spesso isolati dalle copiose nevicate (*Slovensko Domobrantsvo*).

▲ Nonostante l'opera di assistenza agli sloveni dei centri rurali fosse meritoria, l'attività fu sfruttata a fini propagandistici sulla stampa dei Domobranci (*Slovensko Domobrantsvo*).

▲ Per raggiungere gli abitati più isolati, fu necessario ricorrere a pattuglie di sciatori (*Slovensko Domobrantsvo*).

▼ Un reparto di Domobranci in marcia in mezzo alla neve nel corso di un'azione di rastrellamento (*Slovensko Domobrantsvo*).

▲ Messo in postazione un mortaio italiano Brixia da 45 mm, inizia l'azione di fuoco contro le postazioni partigiane (*Slovensko Domobrantsvo*).

▲ L'attacco viene supportato dal fuoco delle mitragliatrici Breda, anch'esse di preda bellica italiana (*Slovensko Domobrantsvo*).

▼ Reparti di sciatori dei Domobranci nel corso di un'operazione in pieno inverno (*Slovensko Domobrantsvo*).

▲ Bellissima immagine di uno sciatore dei Domobranci (*Slovensko Domobrantsvo*)

▲Per aumentare il proprio mimetismo sono state adoperate delle estemporanee tenute bianche, composte da una sorta di lunga tunica abbottonata frontalmente e da una cuffia, che fungeva anche da riparo dal freddo per la testa (*Slovensko Domobrantsvo*).

▲ Salmerie trasportate a dorso di mulo da una colonna di rifornimenti (*Slovensko Domobrantsvo*).

▲ Soldati sloveni di un Gruppo di Combattimento in marcia verso la zona d'operazioni, preceduti da due ufficiali tedeschi ed uno sloveno a cavallo tiro (*Slovensko Domobratsvo*).

▼ Il reparto della foto precedente in azione: i militari indossano elmetti italiani mimetizzati tiro (*Slovensko Domobratsvo*).

▲ Leon Rupnik, con l'uniforme da generale della Difesa slovena, si intrattiene con un ufficiale all'ingresso di una caserma della Slovensko Domobrantsvo, probabilmente a Lubiana *(Slovensko Domobrantsvo)*.

▲ Insistendo sempre sul tema (propagandistico) della famiglia, questo militare viene immortalato, a beneficio della rivista "Slovensko Domobrantsvo", mentre si reca a ritirare dei doni per i propri figli in un centro organizzato dalle Forze armate in occasione della festività di San Nicola nel dicembre 1944 (*Slovensko Domobrantsvo*).

UNIFORMI

Slovensko Domobrantsvo
I Domobranci furono equipaggiati ex novo dai tedeschi con uniformi italiane, requisite al Regio Esercito al momento dell'Armistizio, anche se, nei primi mesi di vita del Corpo, furono utilizzati anche numerosi capi di abbigliamento del disciolto esercito jugoslavo. Con il venire meno delle scorte, il vestiario fu integrato con capi di provenienza germanica, creando così un mix uniformologico nel quale continuarono a convivere pezzi di abbigliamento italiani, tedeschi e jugoslavi. A complicare ulteriormente la situazione contribuì una fornitura di capi di abbigliamento dell'esercito olandese, consegnata dai tedeschi ai Domobranci, in tessuto di colore grigioverde chiaro.
Al braccio sinistro veniva indossato uno scudetto metallico raffigurante l'aquila, simbolo della nazione slovena, di colore blu in campo bianco, interamente contornato di blu.
Come copricapo fu distribuita una bustina di taglio tedesco (secondo alcune fonti fu distribuita anche una versione di origine olandese, ma, dalle immagini, sembrerebbe che i Domobranci utilizzassero il copricapo comune anche alle Landschutz organizzate dai tedeschi nell'O.Z.A.K.) e l'elmetto italiano M1933, anche se sono note immagini di alcuni militari sloveni con l'elmetto cecoslovacco. Nell'autunno del 1943 sulla bustina fu applicato un simbolo identificativo costituito da un triangolo metallico con i colori della bandiera slovena, disposti orizzontalmente (dall'alto: bianco, blu e rosso); all'inizio del 1944 questo distintivo fu sostituito da un fregio ovale, sempre con i colori della bandiera slovena, sul quale, a partire dalla seconda metà del 1944, fu impresso lo stemma nazionale.
Sul lato sinistro dell'elmetto era applicato uno stencil, a forma di scudetto, con i colori della bandiera slovena, nella tipica usanza delle forze armate tedesche; spesso gli elmetti ricevettero anche una colorazione mimetica a spruzzo.
E' documentato un uso sporadico di indumenti mimetici tedeschi (soprattutto telini per gli elmetti) ed italiani (teli tenda nel corso di alcune operazioni antipartigiani); furono anche impiegati capi mimetici per la neve, come giubbotti, tute, cappucci e teli, soprattutto da reparti di sciatori.
Le spalline della giubba erano tedesche, della Polizei, mentre la Compagnia Trasmissioni adottò degli speciali distintivi portati sulle controspalline: un fregio metallico costituito da due saette che si intersecavano più volte, una simbologia che chiaramente richiamava la peculiarità della specialità.
Le calzature erano sia di provenienza italiana che germanica.
I carristi sloveni utilizzavano tute da carrista olandesi, anche queste fornite dai tedeschi e provenienti dal bottino fatto dalla Wehrmacht durante l'occupazione dei Paesi Bassi nel 1940.

Slovensko Narodno Varnostni Zbor
Le uniformi furono simili a quelle dei Domobranci, con una prevalenza di capi italiani, inclusi indumenti mimetici in tessuto italiano M1929. Il copricapo era la bustina di taglio tedesco, realizzato per i corpi di Lanschutz dell'O.Z.A.K. (italiani, sloveno e croato), sulla quale era portata una coccarda ovale metallica con il tricolore sloveno, anche se in alcune immagini i militi hanno un semplice bottone metallico.
 Alcuni ufficiali proveniente dai Domobranci indossavano uniformi di origine olandese. Al braccio sinistro veniva portato uno scudetto: inizialmente vi era raffigurato, obliquamente, il tricolore nazionale sloveno, sostituito in un secondo momento dallo stemma della regione del Litorale, una galea illirica rossa, sul mare blu e sfondo bianco.
Per differenziare ed indentificare agevolmente l'appartenenza alle diverse Compagnie che formavano lo S.N.V.Z., fu decisa l'adozione di una cravatta di colore diverso per ciascuna Compagnia, secondo un'usanza ereditata della Specialità del Regio Esercito italiano.

Gorenjsko Domobrantsvo
Stando alle pochissime foto reperite, i militari della Carniola adottarono un'uniforme costituita da capi di provenienza tedesca, in particolare quelli della Sichereistpolizei, incluse le mostrine.
Anche per i militi della Carniola era stato ideato uno scudetto, raffigurante il simbolo della regione (un'aquila blu su scodo bipartito verticalmente rosso e bianco), ma non è chiaro se fu effettivamente adottato.

▲ Leon Rupnik, il vescovo Gregorij Rožman e il generale delle SS Erwin Rösener ispezionano le unità della Guardia Nazionale durante la cerimonia per il secondo giuramento dei Domobranci il 30 gennaio 1945.

▼ I reparti dei Domobranci sfilano davanti a Leon Runpink ed al Generale Rösener (*Slovensko Domobrantsvo*).

▲ Dopo lo sfilamento, il generale delle SS e della Polizei Rösener decora il colonnello Krener, il maggiore Rupnik ed il capitano Šabič (*Slovensko Domobrantsvo*).

▼ Gli scudetti da braccio delle tre unità slovene, Guardia Territoriale Slovena, Corpo Nazionale di Difesa Sloveno e Guardia Territoriale della Carniola Superiore; queste ultime due erano di fatto subordinate alla *Slovensko Domobrantsvo*.

▲ Il maggiore Vuk Rupnik insignito della Croce di Ferro di 1ª classe il 30 gennaio del 1945 (*Slovensko Domobrantsvo*).

▲ Il tenente Furlan (o Furlani) insignito della Croce di Ferro di 1ª classe insieme al maggiore Rupnik (*Slovensko Domobrantsvo*).

▲ Il generale Erwin Rösener consegna una decorazione ad un soldato sloveno, distintosi in azione.

▼ Rara immagine dei militari della Gorenjsko Domobrantsvo della Carniola: indossano un'uniforme costituita da capi di provenienza tedesca, in particolare della Sichereistpolizei, incluse le mostrine.

▲ Mitragliere della *Primorsko Domobrantsvo*, armato con fucile mitragliatore Breda; indossa un misto di capi di vestiario italiani, tedeschi e jugoslavi.

▲ Al braccio di questo mortaista della Guardia del Litorale si nota, seppure non in maniera chiara, lo scudetto di questo reparto.

▲ Militari tedeschi e sloveni premono sulla frontiera austriaca all'inizio del mese di maggio del 1945, in cerca di rifugio, per sfuggire alle truppe di Tito.

▲ La ritirata dell'esercito tedesco e dei Domobranci assunse le dimensioni di una piccola catastrofe umanitaria. Stipate le masserizie su mezzi di fortuna e sui pochi autocarri disponibili, alla colonna si unirono anche civili (soprattutto familiari di militari della Difesa Territoriale slovena), che tentavano così di sfuggire alla furia delle truppe slave.

▼ Un'altra immagine della colonna tedesca e slovena nella cittadina di Tržič, nell' Alta Carniola, nel maggio del 1945.

▲ Cimeli appartenenti ai Domobranci sloveni esposti presso il Museo Nazionale di Storia Contemporanea di Lubiana (Muzej Novejše Zgodovine Slovenije).

▼ Due fregi da berretto dei Domobranci: l'esemplare a sinistra reca l'aquila nazionale dorata e, con ogni probabilità, era destinato ad un ufficiale.

▲ Scudetto da braccio in stoffa stampata della Guardia Territoriale della Carniola Superiore

▼ Negli ultimi anni viene data particolare enfasi al massacro di Bleiburg e, ogni anno, l'anniversario è ricordato con una manifestazione particolarmente sentita, a cui partecipano rievocatori storici, che indossano riproduzioni delle uniformi dei Domobranci sloveni.

BIBLIOGRAFIA

LIBRI

- Arena Nino, "Soli contro tutti", Ermanno Albertelli Editore, Parma, 2002.
- Crippa Paolo, Maressi Giovanni, "La Landschutz del Litorale Adriatico", Soldiershop Publishing, Zanica (BG), 2021.
- Di Giusto Stefano, "I reparti Panzer nell'Operationszone Adriatisches Kustenland", Edizioni della Laguna, Mariano del Friuli (GO), 2002.
- Guglielmi Daniele, "Italian Armour in German Service 1943 – 1945", Mattioli 1885, Parma, 2005.
- Steve Zaloga, "The Eastern Front, Armour Camouflage & Markings", Arms and Armour Press, 1983.
- Thomas N. e Mikulan K., "Axis forces in Yugoslavia", Osprey Publishing, United Kingdom, 1995.
- Mlakar Boris, "Slovensko Domobranstvo: 1943-1945" , Ljubljana: Slovenska matica, Lubiana, 2003.
- Nose Aleš, "Domobranci zdravo - Bog daj", Modrijan, Lubiana, 2008.
- Kladnik Tomaž, "Slovenska partizanska in domobranska vojska", Defensor, Lubiana, 2008.
- Corsellis John, Ferrar Marcus, "Slovenia 1945: Memories of Death and Survival After World War II", I.B.Tauris, 2015.
- Griesser-Pečar Tamara, "Razdvojeni narod: Slovenija 1941-1945: okupacija, kolaboracija, državljanska vojna, revolucija", Mladinska knj, Lubiana, 2007.
- Klemenčič Matjaž, Žagar Mitja, "Yugoslav Nations During World War II". The Former Yugoslavia's Diverse Peoples: A Reference Sourcebook", ABC CLIO, USA, 2001.
- Kranjc Gregor Joseph, "Walk with the Devil: Slovene Collaboration and Axis Occupation 1941-1945", University of Toronto Press, Canada, 2013.
- Mlakar Boris, Kokalj Kočevar Monika, Martinčič Vanja, Tomc Gregor, "Mati, Domovina, Bog", Muzej Novejše Zgodovine, Slovenia, 1999.
- Ramet Sabrina, "The Three Yugoslavias: State-Building and Legitimation 1918–2005", Indiana University Press (USA), 2006.
- Shepherd Ben, Pattinson Juliette, "War in a Twilight World: Partisan and Anti-Partisan Warfare in Eastern Europe 1939-45", Palgrave Macmillan, USA; 2010.
- Thomas Nigel, Mikulan Krunoslav, "Axis Forces in Yugoslavia 1941–45", Osprey Publishing (USA), 1995.
- Tomasevich Jozo, "War and Revolution in Yugoslavia 1941–1945: The Chetniks", Stanford University Press (USA), 1975.
- Tomasevich Jozo, "War and Revolution in Yugoslavia 1941–1945: Occupation and Collaboration",Stanford University Press (USA), 2001,
- Pirjevec Jože, "Tito. Die Biografie", Kunstmann, Monaco, 2018.

RIVISTE E ARTICOLI
- "Slovensko Domobrantsvo", numeri diversi.
- Ferrar Marcus, "Il massacro di 12.000 Domobranci in Slovenia nel '45 – Uccisi dopo essere stati traditi dagli Inglesi" ne "Il piccolo" del 15 maggio 2008.
- "Yugoslavia: Post World War II", Tufts University, agosto 2015.
- Kranjc Gregor Joseph, "Propaganda and the Partisan War in Ljubljana 1943–45" in "War in a Twilight World: Partisan and Anti-Partisan Warfare in Eastern Europe 1939–45", Palgrave Macmillan, USA, 2010.

ALTRE PUBBLICAZIONI
- Potocnick Gregor, "Slovensko Domobranstvo", Lubiana, 2013.

▲ Domobranci si riposano durante un'azione di rastrellamento nell'estate del 1944: da notare l'uso di capi mimetici realizzati con tessuto italiano M1929 tiro (*Slovensko Domobratsvo*).

TITOLI GIÀ PUBBLICATI - TITLES ALREADY PUBLISHING

www.ingramcontent.com/pod-product-compliance
Lightning Source LLC
LaVergne TN
LVHW070522070526
838199LV00072B/6684